儿童运动发展

评估与教学

范里 薛婷 编著

中国国际广播出版社

图书在版编目（CIP）数据

儿童运动发展：评估与教学 / 范里，薛婷编著 . -- 北京：中国国际广播出版社，2021.8

ISBN 978-7-5078-4977-6

Ⅰ . ①儿… Ⅱ . ①范… ②薛… Ⅲ . ①运动障碍—儿童—教育康复—康复训练 Ⅳ . ① G76

中国版本图书馆 CIP 数据核字（2021）第 185789 号

儿童运动发展：评估与教学

编　　著	范 里 薛 婷
责任编辑	张娟平
校　　对	吴光利
装帧设计	有 森

出版发行	中国国际广播出版社有限公司 ［010-89508207（传真）］
社　　址	北京市丰台区榴乡路 88 号石榴中心 2 号楼 1701
	邮编：100079
印　　刷	廊坊市海涛印刷有限公司

开　　本	710×1000　1/16
字　　数	268 千字
印　　张	18.25
版　　次	2021 年 8 月 北京第 1 版
印　　次	2021 年 8 月 第 1 次印刷
定　　价	58.00 元

前　言

　　儿童的运动技能，主要分为粗大运动和精细运动。粗大运动包括头的控制、坐、翻身、爬、站、走、蹲、跑、跳等。精细运动指个体主要凭借手以及手指等部位的小肌肉或小肌肉群的运动。运动能力是人的身体形态、素质、机能、技能和心理能力等因素的综合表现。为了帮助广大教师、家长积极正确地引导和促进儿童运动的发展，我们在借鉴参考国内外有关资料的基础上，通过搜集、整理大量的教育活动案例，遵循人类动作发展规律，精心设计编写了这本书《儿童运动发展：评估与教学》。

　　作为系列丛书之一，本书是继《儿童认知发展：评估与教学》、《儿童语言发展：评估与教学》之后，编写的一本有关运动技能发展标准参照教育评估与教学的工具用书，适用于所有儿童（包括成年人）的技能评估与活动训练，特别考虑到包括残疾儿童在内有特殊教育需要的儿童。全书的内容将运动领域技能划分为大运动和精细运动。大运动包括：大运动、方向、移动、轮椅的使用、走动和游泳6个次领域；精细运动包括：精细运动—感知和精细运动—视觉动作2个次领域。内容编写以动作技能的发展为线索，大致涵盖了从出生到成年人的动作发展情况，以具体的活动设计为形式，系统描述了儿童动作技能水平，具有评估、教学与交流的指南功能。

　　作为一种评估工具，本书可以帮助教师对儿童进行评估与早期鉴别，全面了解儿童的技能水平、成长与进步。本书采取的是非正式评估取向，主要表现为生态的、功能性表现方面的评估，特别适用于那些有运动障碍的儿童。利用本书的内容进行评估有助于教师、家长制定相应的教育计划和训练措施，把课程与教学直接联系起来，便于在教育训练中实际运用。

　　作为一种教学工具，本书具有项目干预与教学资源的引导与借鉴功能，帮助教师为每一位学生制订出适宜的个别化的技能学习目标，并与课程教学相对接，有目的地培养和拓展他们的技能。本书中的活动设计都是基于学生的兴趣，充分发挥游戏活动的教育功能，营造出激励性的情境，鼓励学生去体验、探索和互动，进而收到教育的实效。

　　作为一种交流工具，本书可以为所有参与学生教育计划的合作者提供了整个教育训练阶段学生发展进步的记录档案，便于信息分享、参考和交流，特别是为家长配合学校的教育教学提供明晰而具体的指导。基于团队的合作的效应，本书在使用说明中所提供的评估记录表、教案模式等，都是从实践的角度，强调团队合作的教育意义。

　　编写本书是一项新的尝试。为了便于读者使用本书，本书在前言之后提供了较为详细的使用说明，供读者参阅。由于编写者的学识、水平有限，书中难免存在疏漏之处，敬请读者批评指正并提出宝贵意见。

编　者

2021年7月

目 录

使用说明

一、设计

本书试图为广大的一线教师、家长、康复师或者其他教育工作者提供一部简便、有效的集评估与教学于一体的实操工具指南。全书聚焦于儿童运动技能的发展，所提供的运动领域中的技能，包括大运动和精细运动，大致涵盖了从出生到成年的发展情况。由于没有设定具体的年龄范围，可以在不考虑年龄或预期的情况下对每个学生的运动技能及训练需要进行评估鉴别。本书提供的活动内容也不是标准化的，所以其评估也不是正式的测试，不需要为每个学生打分，主要用于对学生的技能掌握程度进行识别、教学和评测。

（一）结构内容

本书运动领域包括了457种技能。大运动包括：大运动Ⅰ、大运动Ⅱ、方向Ⅰ、方向Ⅱ、移动Ⅰ、移动Ⅱ、轮椅的使用、走动和游泳9个次领域；精细运动包括：精细运动——感知、精细运动——视觉动作Ⅰ和精细运动——视觉动作Ⅱ3个次领域。每项运动都编有号码，如：2.04指的是第二个次领域"大运动Ⅱ"中的第四项内容："对着墙扔一个大球，然后用手和身体把球接住。"

次领域项	内容
1. 大运动Ⅰ	能够维持正确的姿势和基本移动
2. 大运动Ⅱ	具备操作技能并且在运动时维持稳定
3. 方向Ⅰ	通过区分方位、熟悉环境、触觉线索进行定向训练
4. 方向Ⅱ	通过环境辨认及嗅觉、听觉进行定向训练
5. 移动Ⅰ	学会请求帮助、保护自己，掌握室内持杖技术，并在向导的帮助下前进

续表

次领域项	内容
6. 移动 Ⅱ	学会正确持杖，利用手杖探路、出行
7. 轮椅的使用	具备使用轮椅的基本身体运动，能够正确使用轮椅
8. 走动	能够独坐、跪走，借助双杠进行移动且维持平衡
9. 游泳	通过合理的呼吸，变换姿势进行游泳
10. 精细运动——感知	通过触觉、嗅觉和听觉等感知觉感知物品
11. 精细运动——视觉动作 Ⅰ	利用视觉、听觉追踪物品，双手抓握物品
12. 精细运动——视觉动作 Ⅱ	视觉—动作整合完成双手协调操作动作

（二）编排体例

行为标识是指在每一领域之前都列出学生需要干预的可识别行为，以帮助家长或教师有针对性地使用本书。例如第三章"方向Ⅰ"有针对性地列出以下行为：

> 行为标识：
> 不能区分方向及其关系
> 不能辨认人与物体的位置
> 不能进行定向行走
> 不熟悉生活环境
> 不能通过触觉线索确定方向

书中每项技能的评估与训练，都以游戏为主的活动展开，其内容格式基本一致，包括技能项目的编号、标题与文本内容。文本具体内容由能力要求、兴趣水平、材料准备和具体的教学活动四个部分组成（见下表）。

> **3.03利用太阳来确定自己所在的方向和旅行的方向**
>
> **活动主题：**区分方向
> **能力要求：**视力
> **兴趣水平：**小学
> **材料：**黄色标签纸、表
> 用标签纸剪出一个黄色的大太阳。
> 在房间里标记出东、南、西、北。
> 说明规律：太阳东升西落。
> 讨论一些术语的意义。
> 拿出大太阳。
> 让学生环视房间并告诉你太阳应该从哪里升起。

编号和标题代表具体的领域和技能。本书每一项技能都有一个基本所属领域的身份编号，如"3.03"代表儿童运动发展中第3次领域"方向Ⅰ"中第3项技能："利用太阳来确定自己所在的方向和旅行的方向"。技能编号为评估、训练以及其他相关的技能信息提供了相互对照。这些技能都是按照每个领域中的发展顺序来表述的。学校在对一名学生进行评估后，目标技能的文本内容可以改写为个别化教育计划（IEP）中的一个目标。

活动主题是对该项活动内容的概括性陈述。

能力要求是指技能的适宜性条件要求。如"视觉、听觉、动手"意指学生进行该项技能的评估训练，需要具备视觉、听觉及动手的能力条件。教师需要确定每项技能的水平标准以便衡量学生技能掌握的情况。

兴趣水平反映的是该项技能活动相对应的年龄水平，教师应该根据具体的情况做出适当的调整。

材料是指活动中所需要的基本的材料或用具等。

教学活动是指具体的活动安排。本书所有活动都采取分步式的教学方法，并按其过程顺序排列，教师在参照时，可根据实际情况做必要的调整。

二、评估

作为一项评估工具，本书可以帮助教师对学生进行评估与早期鉴别，全面了解学生运动能力的水平、成长与进步。本书的评估采取的是非正式评估取向，主要表现为生态的、功能性表现方面的评估。因此本书特别适用于那些有障碍的特殊需要儿童，有助于教师、家长和康复师制订相应的教学计划和训练目标，把课程与教学直接联系起来，便于在实际的教育教学中运用。

（一）评估准备

在评估的准备阶段，主要是了解学生运动技能行为的表现及其背景信息，特别是那些反映学生运动发展历程、运动发展的现状，以此确定所要评估的目标技能。在大运动的发展领域，目标可以通过"识别行为"来筛选或锁定。除了家长的反馈以外，还需要结合孩子本身的年龄、疾病和表现出来的"非典型"状况。例如，一名儿童"不会爬行"，那么他的"爬行能力"就成为已识别的行为，需要我们关注

并作为可能或潜在的目标技能实施进一步评估，以对他的"爬行能力"进行干预。评估准备包括以下三个方面。

1. 初步收集相关背景性的信息资料

通过与家长、相关教师的访谈，了解学生现在和过去的情况以及可能对技能评估产生的影响。必要的话可以查看相关生育、医疗、教育方面的记录档案，以便全面、深入地了解学生。

2. 分析想观察的运动技能

通过查阅相关记录，与学生的家长、任课教师等访谈，来了解学生运动技能发展的水平，然后标出高于或低于学生个体平均发展水平的几项技能，进而确定"识别的行为"。

3. 观察、记录已识别的运动技能

有些技能可以在教室或家庭的情境中自然地产生，因此，为学生提供某些材料活动，学生可能会自然地表现出某些具体需要评估的技能或行为。观察的同时，记录下日常活动中技能的表现情况。这些技能可以用来促进下一项技能的发展，标示着下一个训练的起点和进一步评估的机会。这种情况下就需要一个更加结构化的评估阶段，以便对学生的技能水平进行充分的评测。

（二）实施评估

1. 确定目标技能

根据前期评估准备观察、访谈等收集到的信息，分析并确定"识别行为"或需要评估的技能所属的发展领域，然后预估学生在这个领域的发展水平，找出与之近似水平相匹配的技能，这样就可以在该发展领域中选择该项技能来开始评估。

2. 制作评估记录表

在具体应用时，本书中的教学活动需要与社会生活适应"评估记录表"配套使用。评估记录表用来识别学生的需要、确定目标（技能）和记录学生的进步，可以根据需要仿照下面的案例预先制作。（见下表）。

学生姓名	年龄	性别	班级		

10.精细运动——感知

行为标识：

无法抓握、释放物品

无法双手敲击

手腕无法完成旋转、前后移动等动作

不能完成手腕、手臂运动

不能完成视觉—整合运动

无法感知物体的位置

无法通过触觉感知物体并且进行配对

不能通过嗅觉和味觉线索寻找物体

10.01 暂时地捡起物体并让它掉下去		
10.02 捡起并拿着物体		
10.03 捡起物体，放进嘴里舔食和吮吸		
10.04 捡起一个物体并用它重击另一个物体		
10.05 捡起一个物体并在手中转动它		
10.06 捡起一个物体并扔掉它		
10.07 捡起一个物体，搓、捏、轻拍它或把它弄光滑		
10.08 捡起一个物体，把一些部件拿下来或者装上去		
10.09 把物体翻过来并转动它		
10.10 把物体拿到有光的地方		
10.11 推拉物体		
10.12 坐在或站在物体上和物体中		
10.13 坐在或站在物体下方		

续表

10.14探索湿物体的密度、阻力、结构和温度		
10.15指出刚刚被别人碰触过的身体部位		
10.16通过触觉线索把尺寸相似的物体进行匹配		
10.17通过触觉线索把长度相似的物体进行匹配		
10.18通过触觉线索把直的和弯曲的相似物体进行匹配		
10.19通过触觉线索把方形和圆形的相似物体进行匹配		
10.20通过触觉线索把圆形的、三角形的、矩形的相似物体进行匹配		
10.21通过触觉线索把扁平的、宽的、薄的、厚的相似物体进行匹配		
10.22通过触觉线索把湿的和干的相似物体进行匹配		
10.23通过触觉线索把热的和冷的相似物体进行匹配		
10.24通过触觉线索把黏性的和非黏性的相似物体进行匹配		
10.25通过触觉线索把硬的和软的相似物体进行匹配		
10.26通过触觉线索把粗糙的和光滑的相似物体进行匹配		
10.27通过触觉线索把起皱的和光滑的相似物体进行匹配		
10.28通过触觉线索把轻的和重的相似物体进行匹配		
10.29通过触觉线索，按要求从5个物体中选择小的物体		
10.30通过触觉线索，按要求从5个物体中选择长的或短的物体		
10.31通过触觉线索，按要求从5个物体中选择直的或弯曲的物体		

10.32通过触觉线索，按要求从5个物体中选择方的或圆的物体		
10.33通过触觉线索，从5个物体中选择三角形或矩形物体		
10.34通过触觉线索，按要求从5个物体中选择扁的、薄的、宽的、粗的物体		
10.35通过触觉线索，按要求从5个物体中选择湿的或干的物体		
10.36通过触觉线索，按要求从5个物体中选择热的或冷的物体		
10.37通过触觉线索，按要求从5个物体中选择黏性的或非黏性的物体		
10.38通过触觉线索，按要求从5个物体中选择硬的或软的物体		
10.39通过触觉线索，按要求从5个物体中选择粗糙的、隆起的、褶皱的、皱巴巴的或光滑的物体		
10.40通过触觉线索，按要求从5个物体中选择锋利的或迟钝的物体		
10.41通过触觉线索，按要求从5个物体中选择轻的或重的物体		
10.42通过嗅觉和味觉线索，选出甜的物质或物体		
10.43通过嗅觉和味觉线索，选出烤焦的物质或物体		
10.44通过嗅觉和味觉线索，选出酸的物质或物体		
10.45通过嗅觉和味觉线索，选出咸的物质或物体		
10.46通过嗅觉和味觉线索，选出苦的物质或物体		

　　评估记录表由技能代码、技能描述文本、评估日期和评估结果组成。在上面的评估记录样本中，左列是技能代码号和技能的文本内容，其余两列的空格分别是用来填写评估日期和评估结果的（见上表）。其中，"10.02"代表了第十章"精细运动——感知"这一领域的第2项技能，其文本内容为"10.02捡起并拿着物体"。

"2019/03/15"和"2020/01/16"是评估的日期记录，评估分为接受教育教学前的评估时间和在接受过教育教学后复评的时间，"−"和"+"记录的是评估结果，"−"表示学生未出现该项技能，"+"则表示学生表现出该项技能，该样本示例表明，技能在2019年3月的评估中也未表现出来，而在2020年1月的评估中则已表现达成。评估记录表在每一项技能后都提供了空白处，以便记录评估日期或评估结果。每一领域的前面都列出了识别行为。

技能代码 ←	10.02捡起并拿着物体	2019/03/15	2020/01/16	→ 评估日期
		−	+	→ 评估结果

3. 设定评估水平标准

《评估记录表》制作完成后，评估者要为这项技能的评估确立一个水平标准，可以用相关的符号代码表示。评估者也可以根据自己的需要修改符号代码，但在所有的技能评估中，一定要对所有的学生前后一致地使用这些符号代码。本书提供如下评估标准符号代码，供读者使用时参考：

+：学生掌握了这项技能或行为；

−：学生没有掌握这项技能或行为：

+/−：学生这项技能似乎有所表现(或刚刚萌发)；

A：学生的这项技能或行为失准或失常；

N/A：由于学生的残疾或其他原因，这项技能不适用或无法评估。

4. 评估目标技能

评估记录表制作完成，就可执行评估。先从选中目标领域中某项起始技能开始评估，同时分析已观察和收集到的资料；然后创设评估活动所需情境，必要时对活动及程序进行调整，以满足被评估者的独特需要。接着，评估者根据具体活动的展开进行评估，观察被评估者的表现情况并根据确定的技能标准，酌情记录被评估者的反应，最后完成评估。

（三）评估内容调整

本书所提供的活动案例并没有考虑到所有的影响因素。如果一名学生不具备评估所要求的一些先备技能(如残疾等因素导致的问题)，很可能难以对评估的要求做出相应的反应。那么，**对于残疾等有特殊需要的儿童，在评估目标技能之前，应根据学生的特殊需要对评估的活动内容进行适当的调整或修改**。下表是针对常见的障碍类型提出的一些调整建议，供读者参考。

障碍类型	调整建议
认知障碍	多给一些回应的时间； 简明、和缓地重复指导语； 逐渐减少提示、模仿，最终在没有任何帮助的情况下做出回应； 对学生的表现给予及时的表扬。
沟通障碍	如果学生没有任何语言或言语的支持，必须在评估之前为其建立起有效的沟通交流机制，可采取符号、沟通板、图片显示及其他沟通技术、设备等辅助、替代性措施。 只有形成了可沟通交流的机制时，才能实施评估。
视觉障碍	评估的调整，取决于学生的视觉障碍程度。 评估者可以向视觉障碍教师或者验光师等相关专业人员进行咨询，以获得专业的帮助。
听觉障碍	寻求听力学家、语言治疗师和听觉障碍教师的帮助支持。 确定哪些评估技能适用于被评估的有听力障碍的学生。 分析被评估学生的沟通交流的情况，了解清楚是需要综合性的沟通，还是只是言语或手势方面的沟通，然后采取相应的接受与表达模式进行评估。
行为障碍	评估过程中通常包括常见的行为反应，评估者可以按照现有的方法来评估，但要做如下修改： 如果涉及学生的任务性行为问题，要把评估分解成几部分完成。每次互动只需几分钟。 要使用简明的陈述或者采取角色扮演，要确保学生在评估时，正确理解评估者希望他做什么。 学生每完成一部分评估后要及时予以充分的奖励。 学生尝试完成任务、做出努力、认真听讲和实现目标时都要给了积极的正强化，表扬要具体化，经常变换奖励的形式。 如果评估无法明显地反应学生的真实表现，就停止评估。
运动障碍	在需要学生做视觉运动的地方使用图案、模板或图标等来替代； 对于任何知觉动作内容，给予口头指导。 借助辅具设备，如：握笔器、改装剪刀柄等。 确保学生坐在桌子旁边的时候，脚能够平放在地板上，桌子的高度应该适中。

（四）评估注意事项

评估标准的选择取决于很多变量，包括学生经验、学生类型、学生数量、教学情境的设置、程序和时间等。因此实施评估时应注意以下事项：

1. 选择一种评估记录工具时，最重要的是要考虑它能够提供所需的信息量，要易于使用和管理。在一种特定的情境中，对学生进行评估的时间长度应该因人而异。尽量把一次评估限定在15分钟内。本书中的评估一般是为5~8分钟的时长设计的。

2. 并非所有的技能都适用于每一名学生。在考虑一项技能的时候，要分析检查各方面的相关信息，根据学生的需要做出适当的调整。譬如，评估者可以判断是否有必要对口头提示或语言做出修改。关键是要使用学生容易理解的语言并接受学生用自己的词语做出的口头反应，只要他的回答是在对评估做出回应即可。

3. 本书中的评估内容及活动主要是面向学生个体开发的，特别适用于个别训练、家庭指导。当然，很多评估也适用于小组。但是对于有些技能，小组测验很难确定单个学生的真实表现，由于被试有可能附和其他人，也有可能克制自己不做回应，所以，同龄人的参与有时不利于衡量被试的最高能力。

4. 为了帮助学生发挥最佳水平，在每次评估时都要注意对其进行鼓励和肯定。

5. 如果评估者在观察某一特定领域的一系列技能表现时，学生连续做出了三个不正确的反应，应停止评估并从学生做出不正确反应之前的一个技能开始教学训练。必要时，可重新评估，以确定学生是否学会并保持了这项技能。

6. 在转向另一个领域的评估之前，并不一定要完成已评估领域的所有目标技能。

三、教学

本书所设计的教学活动，既可以评估儿童运动技能发展的现状，又可以为接下来的运动技能发展训练提供参考指南。因此，作为一种教学工具，本书具有项目干预与教学资源的引导与借鉴功能，帮助教师为每一位学生制定出个别化适宜的技能学习目标，并在课程与教学中有目的地培养和提高。

（一）制订教学计划

1. 确定教学目标

通过评估，了解学生还没有掌握的技能，选择其中一项或多项技能作为目标。

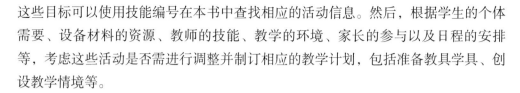

这些目标可以使用技能编号在本书中查找相应的活动信息。然后，根据学生的个体需要、设备材料的资源、教师的技能、教学的环境、家长的参与以及日程的安排等，考虑这些活动是否需进行调整并制订相应的教学计划，包括准备教具学具、创设教学情境等。

2. 开展教学活动

根据书中建议的活动，教师在不改变活动目标的情况下，可以根据学生的特殊需要进行相应的活动调整，同时记录下所做的调整或修改，以便为某一项类似的技能活动或者对开展这项活动训练的其他人员提供参考。本书建议的教学活动注重通过足够的重复和强化来帮助学生在一系列活动过程中获得某项技能。特别是整个活动中应尽可能多鼓励每个学生去探索和体验。

3. 进行教学评价

在教学活动实施后，要对活动的有效性、管理的难易度、学生的兴趣水平等进行反思和评价，检查教学活动是否具有激励性、是否提供了一个观察学生进步的工具、是否具有技能迁移的特征等，同时做出相应的结论。

（二）编写训练教案

本书中所设计的技能评估与训练的内容，都是基于教师在日常实践中开发的教学活动，且都标明了活动主题、能力要求、兴趣水平及所需材料的清单。因此，所有活动都可以针对每个学生的独特需要进行调整修改，它有助于帮助教师设计个别化的具体技能训练活动方案。

1. 教案的结构模块

专注于技能教学的互动，一般也需要一个结构化的模式。它可以是跨几个课时的个别化教学。这对于教学的个别化是非常有效的，因为它使教师能够有条理地呈现教学训练的内容。在使用本书指南编写教案时，建议应包含以下四个环节：教学引入、教学实施、教学测评和信息记录，而每一环节又应包含若干子项要求（见下表）。

教学引入	时间安排：确定教学的频率和持续时间
	目标陈述：让学生了解学习任务及要求
	动机激励：使学生认识到学习的目的和意义
	起点评估：评估学生的先备技能和训练的起点
教学实施	课堂讲授：采用讲授、阅读或演示等典型的课堂讲授论、操练、读写或其他形式来学习知识技能
	示范模仿：首次技能训练，教师要做分解展示动作，学生跟着模仿
	连锁操练：二次技能训练，学生连贯模仿教师成套动作
	巩固强化：三次技能训练，通过教师的纠正和强化来提高学生的准确率和速度。
教学评测	测验／观察：如果学生未达标，则需进一步训练，帮助补习；如果能够掌握，则进行进阶训练
	评价记载：在个别化教育计划和评估记录册中记载学生的成绩
数据记录	日常教案：记载教师日常的教学情况和所用材料
	学生信息备注：记载学生训练中相关的事件信息，如趣事、逸事等
	学生进步数据：记载评估的项目结果记录

（1）教学引入

教学引入主要包括时间安排、目标陈述、动机激励和起点评估方面的内容。时间安排主要指学生学习所需持续的时间及频率。持续时间是指学生实现目标所需的教学时间长度。时间中的频率因素指的是学习行为发生的时间，如每日、每隔一天或每周。

目标陈述和动机激励是相辅相成的，主要是让学生了解自己学习任务的要求，进而激发起学习的愿望。对于一些目标来说，时间持续可能是几个星期或几个月。起始训练的时候，必须通过目标陈述来让学生了解自己的学习目标并努力去实现它。教师可以通过直接告知或采用其他交流方式来帮助学生发现学习目标，然后帮助学生认识学习的意义或获得努力学习的动机。学习的动机可能来自学生自身、同龄人教师，甚至来自材料或活动本身。

起点评估是考查学生是否具备学习新技能的基础，即在开始教学之前，要明确学生是否具备了必要的先备知识和技能，找到学习技能的起点。如果学生准备得不够充分，应该通过一些活动来提升他的能力。

（2）教学实施

教学实施主要包括讲授、示范模仿、连锁操练、巩固强化四个方面的内容。讲授主要是指课堂上所运用的典型的教学方法，包括讲课、提问、课文阅读和演示。学生在领会教师讲授的基础上，对传授的知识和技能以某种方式进行组织和表达做出回应。回应的方式可以表现在讨论、操练、写作和一系列其他的活动中。

示范模仿是指教师做出示范动作，学生随后进行模仿。这是技能习得的重要方式。

连锁操练是指在一些更复杂的技能的学习中，需要学生对教师的成套动作进行连贯的操作练习。

巩固强化是指在技能学习或行为塑造过程中，通过教师的观察、纠正和强化，使学生技能的准确率和速度都有所提高，使目标行为得到进一步强化塑造。

（3）教学评测

教学评测包括测验、观察两个方面的内容。在教学结束的时候，以测验和观察的方式来测评学生是否已经掌握了所要训练的目标行为或技能。如果测评表明学生还没有掌握，那么就需要提供进一步的指导或补习；如果学生已经掌握，他就可以进行下一个运动技能的进阶训练，并且把学生掌握的技能记录在个别化教育计划（IEP)和《评估记录》中。

（4）数据记录

数据记录主要包括日常教案、学生信息备注、学生进步数据三个方面内容。好的教学需要保持良好的教学日志习惯，它可以为教师的教学提供诸多有益的经验信息。日常教案是必不可少的可以显示教学材料、教学过程和教学情况的文本；学生信息备注则是为了记载与学生发展相关的或有趣的逸事，可以帮助教师了解学生的个性特点与特殊需要；学生进步数据是教学测验和观察的结果，也应是教学的常规记录。

2. 教案框架案例

为了便于读者的理解和学习，本书提供了用于这一教学模式的教案（简案）框架样例，供读者参考。通过教案框架案例所呈现的训练模式与本书所设计的技能活动进行比较，可以看出本书所提供的活动案例都可以直接作为开展相应技能教学活动的依据。当然，有时候应根据学生个体差异及特殊需要进行必要的调整修改，或重新进行模仿设计。学习活动可以同时用于同班的其他学生，但在行为、条件和程度上要有区别，以满足不同个别化教育的目标。对于某些特殊儿童、技能或行为的教学可能要花费几个星期，甚至一年的时间，直到学生掌握为止。因此，在这一期间，教师也许只用同一个教案进行该项技能的训练活动。

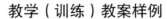

教学（训练）教案样例

学生姓名：XX（1年级）

【情况说明】：学生××，脑瘫，运动发育迟缓，头控能力差，俯卧时只能维持短暂的抬头，不能进行相关的运动。针对学生头控差的问题，训练计划按照动作发展顺序，通过大量结构化训练和大量的练习强化。

目标：俯卧时把头抬起来。

基准：学生能够独立抬头，并且保持5秒及以上。

1. 教学起点：

学生能够独立抬头维持稳定，并且保持5秒及以上。学生在俯卧时，没有任何辅助与支撑，能够独立抬头维持稳定，时间大于5秒，每次执行该动作时，都能完成。如果可行的话，还可以保持更长的时间。

2. 教学实施：

活动主题：寻找铃铛

（1）教师示范，学生在辅助下模仿：

教师向学生示范俯卧位时，抬起头并且看向前面的铃铛；

学生尝试，教师双手辅助；

学生在辅助下进行训练。

（2）强化练习，逐渐撤销支持：

教师单手辅助学生训练；

教师撤销辅助进行训练；

延长独立抬头训练的时间。

3. 教学评估：继续这种方式的训练，替换强化物，直到学生能够在俯卧位时，独立抬头保持5秒及以上。

4. 教学记录

日　期	活动记录	评估/成绩
	双手辅助，能够抬头，注视前方，坚持20秒，学生感到疲倦。	—
2019.03.15	双手辅助，能够抬头，注视前方，坚持30秒，学生感觉良好。	＋
2019.03.20	双手辅助，能够抬头，注视前方，坚持60秒，学生感觉良好。	＋
2019.03.25	单手辅助，能够抬头，注视前方，坚持30秒，学生感觉良好。	＋

续表

2019.03.30	单手辅助，能够抬头，注视前方，坚持60秒，学生感觉良好。	＋
2019.04.07	没有支持，能够抬头，注视前方，坚持2秒，学生感觉良好。	＋
2019.04.10	没有支持，能够抬头，注视前方，坚持5秒，学生感觉疲倦。	－
2019.04.17	没有支持，能够抬头，注视前方，坚持7秒，学生感觉良好。	－

（三）特殊需要的教学调整

本书所列出的所有技能和行为并非适用于所有学生。由于学生的年龄和发展水平不同，很多内容并不一定适合一些学生的特殊需要，特别是有些技能可能因学生的残疾导致的障碍而无法操作，或者有些技能可能对于某些特定的学生来说不重要而不必评估（如，能够独立行走的学生对于轮椅的使用就没有必要了）。因此，在借鉴本书开展教学活动时，对教学内容、方法等必须做出相应的调整以满足个别学生的特殊需要。下表是针对一些特殊需要儿童，特别是针对一些学生的障碍情况，提供的一些教学调整建议，供读者参考。注意，这些建议同样适用于面向正常发展的学龄前学生的教学。

听觉障碍	1. 说话时面向学生。 2. 用手势来增强说话效果（如：指着、摇头等）。 3. 说话清晰而缓慢，但要避免夸张的口部动作。 4. 限制外部的噪声。 5. 在教学时进行视觉提示。 6. 使用简单的句子和图片。 7. 注意重复并给予学生一定时间的视觉感知活动。 8. 活动开展所用的方法要前后一致。

智力障碍	1. 注重实操动手方法的运用。 2. 反复教学。 3. 采取任务分析法逐步学习。 4. 给予正强化和不断的鼓励。 5. 允许学生多花一些时间来完成任务。 6. 清晰地解释活动的每个步骤。 7. 鼓励学生独立解决问题。
运动障碍	1. 改变环境以增加学生的可参与度。 2. 把材料放在学生容易够得着的高度。 3. 调整改装教学器具及相关设施等以满足学生的需要 4. 对必要的辅助器具的调整所花费的时间进行补偿。 5. 如果学生不能到达活动中心，把活动带到学生面前进行。 6. 从简单的技能过渡到复杂的技能。 7. 限制一些书面材料。 8. 消除学生在达到要求方面的压力，表扬其为达到水平所做的努力。 9. 随着科技的发展，多应用适合学生的智能辅具，提高学生的生活质量和幸福感。
行为障碍	1. 消除无关的材料或其他干扰的因素。 2. 通过强化把失败机会降至最少。 3. 根据学生注意力集中的时长控制学习时间，从而把挫折降到最小。 4. 行为管理应保持前后一致。 5. 在活动中伴随适当的提示。 6. 尽量限制不必要的噪声，让学生在安静的地方学习。 7. 了解对学生学习产生干扰的行为。 8. 找出最好的教学形式并对这些活动提供支持。
言语障碍	1. 特别留意学生的自我形象。 2. 尽可能地采用一对一的情境教学。 3. 减少学生外在的压力。 4. 强化学生的接受性语言，促进表达性语言。 5. 提供口头互动之外的视觉和其他方面的经验。 6. 学生说话的时候注意倾听。 7. 不用纠正学生的讲话模式。

视觉障碍	1. 使用听觉和触觉方面的电子设备。
	2. 使用字体放大书面材料。
	3. 充分利用听觉和触觉通道参与学习。
	4. 尽可能地使用听觉信号。
	5. 鼓励学生熟悉自己周围的环境。
	6. 大声读给学生听，回答学生的问题并根据需要进行重复。
	7. 使用类似的或相关的信息来帮助学生建立概念。
	8. 善于使用手指描摹、触觉分类和凸起的符号等。

第一章　大运动 I

能够维持正确的姿势和基本移动

行为标识

原始反射没有消失

不能抬头

俯卧位头部、上下肢不能运动，无法移动

坐位无法维持稳定、不能完成运动

不能完成任何形式的爬行

不能站立、走路、跑步、跳跃和抛接物品

不能进行坐、蹲、站等姿势的转换

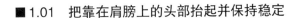

■ **1.01 把靠在肩膀上的头部抬起并保持稳定**

活动主题：头伸展

能力要求：视力

兴趣水平：学前、小学

材料：胶带、彩带

1. 在学生头部上方悬挂一条长约15~20厘米的彩带，让彩带垂下来并低于学生头部的高度。
2. 助手扶着学生靠在肩膀上的头部。
3. 老师摇晃彩带吸引学生的目光，从而鼓励他把头抬起来。
4. 一边摇晃彩带，一边使用语言提示"抬头"。
5. 助手慢慢扶着学生的头部，帮助他的头部保持稳定。
6. 安排小游戏，以便让学生保持头部抬起姿势，从而注意看彩带。
7. 对患有非对称紧张性颈部反射而持续性地把头歪向一侧的学生，可以用多种相关游戏进行练习。

■ **1.02 练习简单的手部运动**

活动主题：手部伸展

能力要求：动手能力

兴趣水平：学前、小学

材料：枕头、各种材质的东西

1. 让学生舒服地仰面躺着，把他的头枕在枕头或卷好的毛巾上。
2. 让学生打开双臂。
3. 教师慢慢地用指尖"拂过"学生的手背，从他的手腕一直到指尖。
4. 重复几遍。
5. 教师慢慢地用指尖"拂过"学生的手心，从他的手腕一直到指尖。
6. 重复几遍。
7. 如果学生主动尝试伸开手指，对他进行鼓励表扬。
8. 换另一只手并重复上述步骤。
9. 用各种材质的东西来代替教师的手指。

成人的手

伸臂

挠痒

交替挠痒

■1.03　俯卧时把头抬起来

活动主题：俯卧抬头

能力要求：视力、听力

兴趣水平：学前、小学

材料：发声玩具等

1. 让学生俯卧在垫子上或者床上。

2. 在学生的头部放一些颜色鲜艳、可以发出声响的玩具或物品。

3. 喊学生的名字并且要求其看玩具"铃铛"。

4. 即使学生为抬头做出了最小的努力，也要及时表扬。

5. 把玩具放在学生看不到的地方，但只要学生试着抬头就能看到。

6. 刚开始进行5~10秒的训练。

7. 当学生的脖子变得有力的时候，移动玩具，以便让他转头去寻找。

8. 如果没有人陪伴学生练习，可在学生头部上前方放置玩具，学生抬头即可看到。

9. 一天分几次对学生的脖子进行短暂的力量练习，直到学生能经常自己抬头。

■1.04　表现出保护性的行为

活动主题：保护性反射

能力要求：视力、动手能力

兴趣水平：学前、小学

材料：大笼球，玩具

可以在语言治疗师的指导或帮助下使用或修改。

1. 教师用手握住学生的双下肢（或骨盆），学生俯卧在球上，缓慢地使学生随球先前后、左右移动。

2. 用口令或者玩具诱发学生头部上抬，双手向前方伸出。

3. 学生俯趴在软垫上，头部和手臂可以自由活动。

4. 教师位于学生前面，双手抓住学生的踝关节，上抬学生的双下肢或者分别抬起一侧下肢，使学生的重心前后左右的移动，从而练习学生的保护性反射。

■ 1.05 胳膊和腿的反射性推力 / 胳膊和腿的自发性推力

活动主题：自主运动

能力要求：视力、听力、动手能力

兴趣水平：学前、小学

材料：发声器、箱子

1. 用铃铛、钥匙、拨浪鼓、镜子、玩具以及各种颜色鲜艳的布片或图片装饰低矮的桌子或椅子。

2. 把学生放在装饰好的桌子或者椅子下面。

3. 触碰桌子上的物品发出声音来吸引学生。

4. 引导学生伸出胳膊，触碰物品。

5. 鼓励学生更多的自主运动，拿自己想要的东西。

■ 1.06 在俯卧时慢慢地随意移动

活动主题：俯卧前行

能力要求：视力

兴趣水平：学前、小学

材料：充气垫、玩具

在语言治疗师的指导或帮助下使用或修改。

1. 把充气垫放置在地面。

2. 让学生俯卧在充气垫上，同时让他的双臂向前伸展。确保他的头、肩膀、胳膊和腿没有受到充气垫的支撑。

3. 把学生最喜欢的玩具或奖品放在前方，离开其伸出手臂能够到的地方还有4~5厘米处，激发学生的兴趣。

4. 让学生的一条腿弯曲。

5. 鼓励学生向前移动：举起弯曲脚或脚踝并向前推；或者抓住弯曲腿后侧，同时从脚开始推动；或者把冰敷在弯曲腿的脚底。

6. 学生向前移动，直到拿到玩具或奖品。奖励学生玩耍一会儿。

7. 随着学生的进步，把玩具或奖品放在越来越远的地方。

8. 随着学生的进步，撤掉充气垫。

9. 让学生俯卧在光滑的地板上，把玩具放在距离学生伸出的手臂稍远（4~5厘米）的地方。

10. 重复上述过程。

11. 随着学生的进步，教师站到学生前面。

12. 去掉一切辅助。

13. 用玩具或奖品鼓励学生慢慢地独自向前移动。

■1.07 在俯卧时用双臂和双腿慢慢移动

活动主题：俯卧移动

能力要求：动手能力

兴趣水平：学前、小学

材料：充气垫、玩具若干、绑带

在语言治疗师的指导或帮助下使用或修改。

1. 准备充气垫和玩具。

2. 把玩具放在地板上，让它们处在学生可以看见的范围。

3. 让学生俯卧在充气垫上，同时让他的双臂向前伸展。确保他的头、肩膀、胳膊和腿没有受到充气垫的支撑。

4. 再把学生用带子绑在充气垫上。

5. 伸开学生的手臂，帮助并告诉他"用力移动"。

6. 继续练习，直到学生明白了怎样移动自己和充气垫。

7. 提示学生寻找喜欢的玩具，鼓励去拿玩具。

8. 引导学生移动充气垫，直到够到喜欢的玩具，奖励学生玩玩具。

9. 还可以通过竞赛激励学生。让两个学生比赛谁先碰到玩具，并且让第一个碰到的学生玩玩具。

■1.08　在抬头时，让头部稳定而挺直

活动主题：头部挺直

能力要求：视力、听力、语言

兴趣水平：学前、小学

材料：横杆、发声玩具、纱线、好吃的东西等

在语言治疗师的指导或帮助下使用或修改。

注意：让所有的绳子、纱线和细绳都处在学生够不到的地方，细心保管，以防意外。

1. 在学生头部上前方固定一根横杆。
2. 把对学生有吸引力的物品（如：发声玩具、活动物体、好吃的东西）用纱线悬挂在横杆上。
3. 如果有必要，可以收紧绳索来调整悬挂物件的高度。
4. 让学生坐在距离横杆30厘米的地板上，并且有支撑保护。
5. 坐在学生后面，给学生安全感，教师可伸手去够悬挂着的物件。
6. 把"好吃的东西"拿给学生看，从而把学生的注意力吸引过来。
7. 如果有必要，轻抬学生的下巴，提示学生抬头。
8. 一旦学生的目光被吸引过来，把物品向上移动，以便让学生必须抬起头并保持头部挺直才能看到"好吃的东西"。
9. 口头提示学生"把头抬起来"。
10. 学生抬头的时间延长才能得到想要的物品。

■1.09　从侧卧位翻身到俯卧位

活动主题：翻身运动

能力要求：听力

兴趣水平：学前、小学

材料：会发声的橡胶玩具

1. 准备好柔软的、会吱吱叫的橡胶玩具，把玩具放在地板上。

2. 学生侧卧，把玩具放在学生身体前面。

3. 弯曲学生上方的那条腿。

4. 抓住学生的那条腿并用力推他的大腿后侧，同时口头提示他"翻身"。

5. 用另一只手抓住学生伸长的腿，帮助学生稳定地滚动。

6. 确保学生滚动时玩具发出吱吱声。

7. 让学生向相反的一侧躺下，并重复上述练习，直到掌握。

8. 要求学生多滚动几次，通过轻拍学生一侧肩膀让他开始滚动。

9. 使用口头提示"翻身"，并鼓励学生主要靠自己来滚动。

10. 让学生向相反的一侧躺下，并重复上述练习，直到掌握。

11. 让学生右侧卧。

12. 把吱吱叫的玩具拿到学生的身体前面。

13. 挤压玩具，让它发出吱吱声。

14. 使用口头提示"翻身"。

15. 让学生向相反的一侧躺下，并重复上述练习，直到学生掌握这个动作。

■ 1.10 自己从俯卧转到仰卧或从仰卧转到侧卧

活动主题：翻身运动

能力要求：听力

兴趣水平：学前、小学

材料：地垫或者地毯

1. 让学生俯卧在地垫或者地毯上。

2. 允许学生体验俯卧和触摸地毯。

3. 让学生打滚并感受一下后背下面的地毯。

4. 让学生在地毯上到处滚动，并用尽可能多的身体部位来感受地毯。

■ 1.11 伸开肘部支撑自己

活动主题：肘部支撑

能力要求：视力、动手能力

兴趣水平：学前、小学、中学生

材料：镜子、夹板、杂志、长枕

注意：在物理治疗师的指导或帮助下使用或修改。

1. 把一面镜子安全地挂在墙上，以便让学生只有在伸展肘部并抬起头来的时候才能看到镜子里的自己。

2. 把卷形物或长枕放在镜子前面。

3. 让学生俯卧在长枕上，从而让他的肩膀、胳膊和头部保持自由。

4. 治疗师跪坐于学生身后，控制学生的头部、胸部、胳膊和手。

5. 用夹板固定住学生伸开的肘部。

6. 夹板不要太紧，但是也不能让肘部弯曲。

7. 把学生的手放在地板上，手掌向上，检查并确认学生的肘部被固定好。

8. 轻压学生的肩膀。

9. 确信压力从学生的肩膀传递到手掌根。

10. 鼓励学生照镜子。

11. 轻拍学生前额，鼓励学生抬头。

12. 用相同的、温和的向下压力来粗略估计胳膊的伸展力。

13. 当学生有了更多力量的时候，去掉夹板并重复上述操作。

14. 随着学生的进步，不再用教师的手给学生的肩膀施压。

15. 鼓励学生抬头照镜子。

16. 鼓励学生为保持肘部伸展而做出的任何努力。

17. 逐渐延长肘部训练的时间。

■ 1.12 俯卧时用胳膊撑起躯干

活动主题：肘部支撑身体

能力要求：视力、听力、动手能力

兴趣水平：学前、小学

材料：拨浪鼓

在物理治疗师的指导或帮助下使用或修改。

1. 让学生俯卧在地板上。

2. 治疗师跪坐于学生身后，控制学生的活动并为他提供支持。

3. 用一只手在学生的头部上方摇晃、挤压或晃动学生最喜欢的发音玩具。

4. 用另一只手轻托学生的胸口。

5. 使用口头提示"起"。

6. 当学生抬高身体并用伸开的手臂支撑自己的重量后，让他玩一玩发音玩具。

7. 随着学生能力的增强，去掉触觉提示并重复练习。

8. 用发音玩具奖励学生用更大的力量和更长的时间来练习胳膊的伸展力度。

■ 1.13　把直臂的力量转化为伸臂的力量，伸向一侧

活动主题：伸臂运动

能力要求：视力、听力、动手能力

兴趣水平：学前

材料：颜色鲜艳的纱线球或细绳球

注意：学生使用纱线或者细绳时，注意学生安全。

1. 学生四点支撑于地垫上。

2. 把颜色鲜艳的物品放在学生右前方的地板上，以便吸引学生的注意力。

3. 教师提示学生："它很漂亮，拿过来！"

4. 如果学生转换力量并伸手去够，对他给予奖励。

5. 把物品移到靠近学生左手的地方，然后再移到中央，直到学生能够同样在左右两臂之间转换力量。

6. 把物品移到学生右手的右边和非常靠近右手的地方。

7. 如果学生在转换力量时有困难，用动作和语言帮助他向左"倾斜"，然后用右手去够。

8. 继续下去，直到学生能成功地达到离右侧3米到3.5米远的地方，然后用同样的方法在左侧进行练习。

■ 1.14　从坐姿改为蹲姿，并且在无人帮助下独自蹲 10 秒钟 /30 秒钟 /1 分钟

活动主题：坐姿转换到蹲姿

能力要求：动手能力

兴趣水平：学前、小学

材料： 计时器

在物理治疗师的指导或帮助下使用或修改。

1. 准备小地毯或垫子。

2. 面向学生坐在小地毯上。

3. 和学生一起交叉双臂并拍手，就像握手时那样。

4. 学生仰卧在地毯上，教师固定其双腿。

5. 教师告诉学生，教师会拉着他的手，让自己"坐起来"。

6. 拉着学生的双手为他提供支持，让学生不会害怕摔倒。

7. 教师告诉学生，在他"坐起来"的时候，教师会放开他的手，看看他能够独立蹲多久。

8. 把计时器设定为10秒钟。如果学生能成功地独自蹲着，奖励学生和老师一起玩个游戏。

9. 随着学生的进步继续增加时间。

■1.15　在坐着的位置上上下弹跳

活动主题： 坐姿运动

能力要求： 听力、动手能力

兴趣水平： 学前、小学

材料： 纸袋、胶带、带子、安全或稳定的椅子

在物理治疗师的指导或帮助下使用或修改。

1. 用纸袋制作马头，用闭合的一端做鼻子。

2. 把马头贴在椅子的后面。

3. 用带子小心地把反坐的学生绑在椅子上，并防止学生摔倒。

4. 播放一首关于马的歌，如：骑木马。

5. 教师示范并且与学生上下弹跳并随着音乐"骑马"。

6. 教师认真观察学生的表现，并且注意安全。

■1.16　前后摇晃

活动主题： 坐位摇晃

能力要求：视力、动手能力

兴趣水平：学前、小学

材料：绳子、气球、横木、椅子

在物理治疗师的指导或帮助下使用或修改。

1. 给气球充气并且把气球拴在绳子上。

2. 教师坐在学生对面，手持气球，并且让气球摇摆，引导学生伸手去击球。

3. 对前后移动并击打气球的学生给予表扬。

4. 允许学生轮流玩耍。

5. 活动时，注意学生安全。

■1.17　借助手臂的推力，从仰卧滚向侧卧再滚向俯卧

活动主题：翻身滚动

能力要求：动手能力

兴趣水平：学前、小学

材料：纸板、毯子、垫子

在物理治疗师的指导或帮助下使用或修改。

1. 用纸板、垫子等制作一个安全的微倾的斜坡（不是陡峭的），斜面要足够大，让学生可以躺在上面并依靠重力作用滚下来。

2. 先让学生坐在垫子上。

3. 再让学生侧躺在靠近斜坡顶部的地方。

4. 打开学生靠近斜坡顶部的胳膊。

5. 抓起学生的双腿并轻轻地把一条腿转向抱臂的同一侧，直到转到另一条腿的下面。

6. 轻推学生，同时说："滚。"

7. 学生停在底部时对他给予表扬。

8. 随着学生的进步，降低斜坡的倾斜度，并要求学生做出更多努力自己滚动。

■1.18　俯卧时慢慢移动

活动主题：俯卧移动

能力要求：移动

兴趣水平：小学、中级学生

材料：滑板

在物理治疗师的指导或帮助下使用或修改。

1. 准备一个滑板（轮子上有滚珠轴承，可以用物理康复室的滑板）。这个滑板要足够小，只有学生的肚子和胸部可以靠在上面。

2. 把学生放在滑板上，让他的胳膊和手伸开。

3. 说"冲"，并指导学生或者为学生示范如何用手和胳膊在地板上移动。

4. 握住学生的两只手并拉着他。一只手比另一只手更用力，从而帮助他有节奏地前进。继续下去，直到他能够成功地移动手和胳膊。

5. 说"推"，并轻轻地抓住学生的双脚。

6. 示范并指导如何用脚来帮助移动。

7. 手脚并用继续练习。如果不方便把脚的动作换成手的动作，一位助教用手来练习，另一位助教用一只手来适当地配合脚的动作。

8. 逐渐把学生移到地板上，开始时2位助教辅助，然后一位助教辅助，直至学生自己移动。

■ 1.19 用双手和膝盖任意爬行

活动主题：四肢支撑爬行

能力要求：走动、视力、动手能力

兴趣水平：学前、小学

材料：毛巾、玩具

在物理治疗师的指导或帮助下使用或修改。

1. 让学生四肢着地做好爬的准备。

2. 跪在学生身后。

3. 把双手放在学生骨盆的位置上。

4. 轻轻地前后摇动学生，从而把他的重心从胳膊转移到膝盖。

5. 把前后摇动改为左右摇动，被动地帮助学生获得爬行时必需的力量转换。

6. 引导学生把一只手从地板上抬起来或者把他的一只手向前移动，同时把他的一条腿向前推动。

7. 继续转换胳膊和腿的动作。

8. 把学生最喜欢的玩具或食物等辅助物放在他够不到的前方。

9. 用玩具或食物作为奖励。

10. 把沙滩浴巾铺在学生的肚子下，把浴巾的两端抬高作为支撑。

11. 随着学生的进步，松开浴巾的固定器并把辅助物放得更远，直到他不再需要支持。

12. 学生成功地爬完一定的距离后，把玩具奖励给学生。

■1.20　自己站起来而无须支持

活动主题：独立站立

能力要求：走动、视力、动手能力

兴趣水平：学前、小学、中级学生

材料：玩具

在物理治疗师的指导或帮助下使用或修改。

1. 在一面墙壁的上方（超过学生头顶即可）悬挂学生喜欢的玩具。

2. 让学生扶墙跪立在玩具下方。

3. 把学生的注意力吸引到玩具上。

4. 教师用双手扶着学生的盆骨，鼓励学生站起来。让学生的一条腿弯曲，一只脚平放在地板上。

5. 让学生的手扶在墙壁上。

6. 轻拍学生的臀部，同时提示他"起"。

7. 用墙壁作为学生站起来的主要支撑物。

8. 站在学生身后，轻触学生，给他以安全感。

9. 随着学生的进步，不再用手帮助学生。

10. 把学生的注意力吸引到玩具上，反复练习。

11. 鼓励学生站起来并使用墙壁作为支撑物。

■ 1.21　使用双手和双膝爬行

活动主题：俯卧爬行

能力要求：走动、视力、动手能力

兴趣水平：学前、小学

材料：毛巾、玩具

在物理治疗师的指导或帮助下使用或修改。

根据需要修改：

1. 让学生俯卧在地上。多给他一点时间来探索周围环境。

2. 在学生俯卧时，把一个玩具放在他前面30~60厘米远的地方。抬起学生身体一侧的髋部，帮助学生把髋部和膝盖向一侧弯曲。把一只手放在学生的脚底。用另一只手揉他的髋部并轻轻地向前推他，直到他的腿部伸直。对另一侧进行同样的操作。继续这个活动，直到学生够到玩具。在重复活动之前，让学生先玩一会儿玩具。

3. 学生在光滑的表面上应该穿着长袖衬衫和长裤来减少摩擦，并且使他更容易移动。

4. 重复这项活动，直到学生能够推开教师的手并把他自己的腿伸直。

5. 在地毯上重复活动，并且通过增大阻力提高训练难度。

6. 重复这项活动，鼓励学生按照右胳膊、左腿、左胳膊、右腿的顺序进行训练。

7. 逐步把玩具移得更远或者给学生一个滚动的玩具，从而鼓励学生爬得更远。

8. 提供一个带轮子的滑板帮助学生爬行。

9. 让学生从箱子里、椅子或桌子下、隧道里爬过去，或者朝着镜子或他的父母爬过去。

■ 1.22　使用右手和左膝、左手和右膝爬行

活动主题：俯卧爬行

能力要求：走动、视力、动手能力

兴趣水平：学前、小学

材料：毛巾

在物理治疗师的指导或帮助下使用或修改。

1. 让学生俯卧在地板上。

2. 把毛巾对折并放在学生的肚子下面。

3. 辅助学生以爬行的姿势趴在地上。

4. 先把毛巾的右边向前拉，再把毛巾的左边向前拉，从而模仿爬行的样子。

5. 让助手向前移动学生的右胳膊，然后再向前移动学生的左胳膊。

6. 用教师的双脚控制学生的双腿。

7. 把学生最喜欢的物品放在学生前边60厘米的地方，以此来鼓励他向前爬。

8. 当学生爬到这个物品面前，奖励学生玩一玩。

■1.23　在帮助下学习走路

活动主题：走路练习

能力要求：走动、视力

兴趣水平：学前、小学

材料：玩具、食物

1. 让学生站在房间的一端。

2. 把玩具或其他学生感兴趣的物品放在1~2米远的地方。

3. 鼓励学生"拿到玩具"。

4. 当学生走到玩具跟前，让他拿到玩具，奖励他玩一会儿。

5. 教师还可以使用学生最喜欢的食物进行练习。

6. 学生走动几步就奖励他一些食物。

■1.24　在帮助下从站姿改为坐姿

活动主题：站姿转换到坐姿

能力要求：走动、视力、动手能力

兴趣水平：学前、小学

材料：床垫、安全带

在物理治疗师的指导或帮助下使用或修改。

1. 向学生演示如何在站立的时候蹲下来。帮助他放开所扶着的家具或放开教师的手并坐下来。一开始轻轻地、慢慢地练习，从而避免学生害怕。

2. 让学生在走路时，胸部围上安全带。抓着学生的安全带帮助她坐下来。

3. 让学生练习坐在一些柔软的地方，如：床垫、水床、枕头上。

4. 当学生坐在地板上的时候，教师表示高兴并拍手，激发学生兴趣。

5. 为学生做示范动作：扶着一件家具、松开手、倒在一个可以坐的位置上。

6. 当学生摔倒的时候，教师大笑并且愉快地说"啊噢"，以便让学生也跟着笑。教师要通过自己不焦虑的神情安慰改变学生情绪。

■ 1.25　坐在地板上滚动一个大球

活动主题：坐位转圈

能力要求：视力、动手能力

兴趣水平：学前、小学

材料：大笼球

1. 坐在地板上，教师把腿伸向学生。

2. 让助手把学生放在教师的对面，并且让学生把双腿伸开。

3. 让助手坐在学生的后面。

4. 把一个15厘米的球滚向学生，同时说："球来啦，接住它。"

5. 如果有必要，让助手扶着学生的胳膊去接球。

6. 教师把双手张开并靠近地板，鼓励学生把球滚回到自己这边来。

7. 如果学生拒绝，让助手把球滚回来。

8. 把球滚向学生，让他再试一遍。

■ 1.26　让成年人牵着手，稳步走动

活动主题：走路训练

能力要求：走动、动手能力

兴趣水平：学前、小学

材料：呼啦圈

1. 帮助学生站着，把呼啦圈从他的头部套过来，放在腰部周围。

2. 让学生在从房间的一头走到另一头的时候，双手扶着呼啦圈。

3. 抓着呼啦圈以便支持学生。

4. 每当学生穿过房间而没有摔倒的时候就对他给予奖励。

5. 继续练习，直到学生能够非常迅速地穿过房间。

6. 告诉学生把一只手放下或者揣在口袋里，只用一只手扶着呼啦圈。

7. 继续抓着呼啦圈以便支持学生。

8. 不断练习，直到学生用一只手扶着呼啦圈也能在房间里非常迅速地移动。

9. 告诉学生把两只手都放下并穿过房间，继续抓着学生的呼啦圈。

10. 如果学生穿过房间而没有抓着呼啦圈，对他给予奖励。

■1.27　在坐着或躺着的时候站起来而无须帮助

活动主题：姿势转换
能力要求：走动、听力
兴趣水平：学前、小学
材料：毛巾

在物理治疗师的指导或帮助下使用或修改。

1. 让学生坐在地板上。

2. 教师在墙上画向上的梯子，间距为10厘米，并且标上数字，代表不同楼层。

3. 根据学生身高调整楼梯高度。

4. 让学生听电梯到达不同的"楼层"。

5. 让学生从坐着改为站着，最后改为用脚尖站立，并且在叫到楼层号的时候恢复到坐着或躺着的姿势。

6. 大声叫出"1楼""2楼"等。

7. 调整小组的速度和楼层限度（往返5楼应该适合于大多数学生）。

8. 为年龄较大的学生增加一些细分的楼层。

9. 教师还可以使用速度加倍的"快速电梯"。

10. 让活动表现突出的学生轮流充当电梯操作员。

■1.28　独自向前走

活动主题：独立行走
能力要求：走动、听力

兴趣水平：学前、小学

材料：矫正鞋、安全带、玩具

在物理治疗师的指导或帮助下使用或修改。

根据需要修改

1. 学生有矫正鞋，可以穿矫正鞋。但最好赤脚支撑。如果地面太冷或太硬，可以使用袜子或软底鞋护脚。让学生自由移动，可以促进下肢力量增长。

2. 扶着学生的肩膀帮助他走动，从而让他的双手获得自由。

3. 用一条带子围在学生的胸部，让学生抓着带子，教师放开手。

4. 扶着学生的肩膀下方，教师逐步减少对学生的帮助。

5. 对于张力减退的学生，如：唐氏综合症，通过在肩膀上增加适当的力量"来帮助他增强稳定性。

6. 把学生放在两把椅子或两个成年人之间，鼓励学生独立迈出2到3步，逐步增加学生行走的距离。

7. 让学生扶着家具，鼓励学生走到2步或2步之外的另一件家具处，去够一个他最喜欢的玩具或瓶子。

8. 拉着学生的手走向汽车或桌子，放开他的手并鼓励他自己走最后的2到3步。

■ 1.29　通过推拉动作来开门和关门

活动主题：开、关门

能力要求：走动、听力

兴趣水平：学前、小学

材料：门

1. 告诉学生一个叫作"敲敲门进来"的游戏。

2. 把学生带到门边。

3. 教师敲门，学生开门。

4. 学生开门之后要求其在一边看其他同学完成活动情况。

5. 让所有的学生都有机会为来访者开门和关门。

■ 1.30　爬到椅子上或带轮子的小玩具上

活动主题：爬高训练

能力要求：走动、听力

兴趣水平：学前、小学

材料：扶手椅、玩具、凳子

在物理治疗师的指导或帮助下使用或修改。

根据需要修改，细心做好安全监管。

1. 让学生踩着凳子爬上一个装上软垫的扶手椅，在椅子上放一个玩具来激励他。

2. 逐步减少教师的帮助，让学生自己爬上椅子。

3. 随着学生攀爬和平衡技能的提高，帮助学生爬到一个没有扶手的直靠背椅上。

4. 鼓励学生向上爬并坐在椅子上读书、向窗外看或者听音乐。

■ 1.31　退着走 1 米或向旁边走 1 米

活动主题：后退走

能力要求：走动、听力

兴趣水平：学前、小学、中级学生

材料：玩具、绳子

在物理治疗师的指导或帮助下使用或修改。根据需要修改。

1. 从后面扶着学生的髋骨，帮助他退着走。

2. 慢慢过渡到让学生模仿教师退着走。

3. 和学生玩追逐游戏。当学生退着走的时候，教师假装在追他。

4. 让学生退着走并拉着一辆小汽车，学生可以通过退着走来观察这个玩具的移动。

5. 让学生在一个质地粗糙的地面走路，如：铺着地毯、泡沫或塑料包装制品的地面。

6. 鼓励学生模仿教师，在水泥地或沙地上所画的两条线段之间退着走。

7. 把两条绳子放在草地上作为边界线，让学生在这两条绳子之间走动。

8. 面对学生并握住学生的手。随着音乐的节奏一起前后移动。

9. 把学生的脚放在教师的脚上，然后退着走。

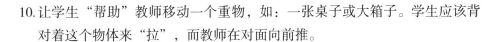

10. 让学生"帮助"教师移动一个重物，如：一张桌子或大箱子。学生应该背对着这个物体来"拉"，而教师在对面向前推。

■ 1.32　完成侧滚翻

活动主题：侧滚翻

能力要求：动手能力

兴趣水平：学前、小学、中学生

材料：软垫

在物理治疗师的指导或帮助下使用或修改。

1. 让学生呈仰卧位。

2. 抓住他的右腿并使他的右腿微屈。

3. 将弯曲的腿放在另外一条腿上。

4. 把学生的右肩向左翻转，以便让身体滚过去。

5. 当教师让学生滚动时，说"翻滚"。

6. 用左腿和肩膀重复刚才的过程。

7. 跟学生谈话，鼓励他"一直滚"。

8. 继续帮助有困难的学生做运动。

9. 教师还可以建造斜坡让学生滚下来，或者到草地上去一起翻滚。

■ 1.33　借助扶手在楼梯上爬上爬下，双脚站在没有扶手的台阶上

活动主题：上下楼梯

能力要求：动手能力

兴趣水平：学前、小学、中学生

材料：台阶、楼梯、音乐、玩具、图片

在物理治疗师的指导或帮助下使用或修改。根据需要修改、细心做好安全监管。

1. 练习活动中，根据需要，可抓住学生的衬衫或裤子，给学生安全与保护。

2. 播放舒缓的音乐，和学生一起玩登高比赛活动。

3. 创设情境：教师和孩子们在一家百货商店的楼梯上。每次登上一个新的台阶，教师就喊出楼层数并按下"停止"按钮，同时说："女装、家具、五

金、文具" 或 "儿童玩具"。

4. 可以让学生先握着教师的手在楼梯边练习。

5. 如果有条件（无障碍双层扶手）的话，让学生借助与他身高对应的栏杆走下台阶。

6. 鼓励学生眼睛看她要去的地方，这样她的脚就不会超出台阶。

7. 在台阶底部放一个玩具激励学生。

8. 在适合成人的楼梯扶手上练习：如果扶手太高，学生够不到，鼓励她用手扶着墙壁。

9. 当学生从很长的楼梯上走下来的时候，可在她面前倒着走，以便保护她不至摔倒。

10. 把图片放在楼梯上让学生踏上去，或者用彩纸覆盖住楼梯。确保图片或彩纸粘贴牢固并且边缘没有松动。

11. 学校或家庭建造改良（无障碍扶手）的楼梯，以便帮助学生上下楼梯去洗手池或厕所。

■ 1.34　跑 3 米的距离

活动主题：跑步训练

能力要求：走动、视力

兴趣水平：学前、小学、中学生、青少年

材料：粉笔或胶带

1. 在地板上画3条线，线间距为3米。

2. 让所有学生都站在中间的线上。

3. 提示说线段之间的一个 "地带" 是属于小猫的，另一个 "地带" 属于小狗。

4. 告诉学生如果 "小猫" 叫，他们就应该都跑向小猫线。

5. 告诉学生如果 "小狗" 叫，他们就应该都跑向小狗线。

6. 示范小猫的叫声，告诉学生必须先把叫声听完才能跑。

7. 慢慢过渡到说 "小猫" 或 "小狗"，从而试着提高学生的反应能力。

8. 选择认真听并服从指令的学生充当下一个发令员。

9. 如果学生有听力障碍，使用小猫或小狗的图片作为视觉提示。

■ 1.35　用双手向下投大球

活动主题：投掷球

能力要求：视觉，动手能力

兴趣水平：学前、小学、中学生

材料：大笼球

1. 3名同学拉手围成大圈，举起手，形成一个空心大圈。
2. 教师示范用双手举起大龙球投入大圈。
3. 指导学生投掷5次，并积分。
4. 学生分组进行游戏，得分高的组获胜。

■ 1.36　踢一个大的、静止的球而不让自己倒下

活动主题：踢球训练

能力要求：步行、视力

兴趣水平：学前、小学、中学生、青少年

材料：2个大笼球

1. 让学生站着。
2. 把一个30厘米的大球放在学生前面至少2步远的地方。
3. 把另一个30厘米的大球放在离学生跟前的球2米远的地方。
4. 告诉学生踢他跟前的球并努力让球撞在另一个球上。
5. 让学生使用右脚和左脚分别尝试。
6. 在每个学生都练习后，把他们分成两组。
7. 如果小组成员把球踢出撞到另一个球，就为这个小组计分。
8. 继续下去，让每个小组成员都有踢球活动的机会。

■ 1.37　开始做一个简单的空翻

活动主题：空翻

能力要求：视力、动手能力

兴趣水平：学前、小学、中学生、青少年

材料：镜子

在物理治疗师的指导或帮助下使用或修改。根据需要修改，细心做好安全监督。

1. 把一个矮箱子或凳子放在学生前面让他把手放在上面，保证学生的手不放在地板上。

2. 玩一个新版的躲猫猫游戏。教师背对学生，慢慢地俯身从双腿之间看着他，说"我看见你了"或大声表示惊讶。让学生有兴趣模仿教师。

3. 根据学生情况，帮助学生保持平衡。告诉他，当他从这个位置看东西和感受这种体验时，一切都颠倒了。

4. 鼓励2个学生为一组玩这个游戏，从双腿之间看着彼此。

5. 让学生自己站在镜子前面，看一看镜子里的自己。

6. 通过帮助学生做一个空翻或前滚翻来结束游戏。

■1.38　在一个15度的斜坡上来回走动

活动主题：坡度行走

能力要求：步行、视力

兴趣水平：学前、小学、中学生、青少年

材料：平衡木

在物理治疗师的指导或帮助下使用或修改。根据需要修改，细心做好安全监督。

1. 为学生示范：走在平衡木上，双臂伸展保持平衡。想象自己是一个走钢丝的杂技演员。

2. 帮助学生做这项活动，让他的双臂像教师一样伸展开。

3. 当学生站在平衡木上时，减少对学生的搀扶，教师把手移到他的肩膀上，让他的手臂可以自由地维持平衡。

4. 把平衡木作为障碍课的一部分。

5. 让学生想象这根平衡木是泥坑上面的一座桥。如果他从平衡木上掉下来，他的脚就会"湿"。

6. 帮助学生走在其他狭窄的地方，如：又窄又矮的墙上、体育场看台的座位、马路牙子或枕木。

7. 教给学生怎样用双脚滑动而不是交替迈步。

8. 随着学生平衡力的提高，示范如何交替迈步。

■ 1.39 在搀扶下单脚站立

活动主题：单脚站立

能力要求：步行、视力、动手能力

兴趣水平：学前、小学、中学生、青少年

材料：镜子

在物理治疗师的指导或帮助下使用或修改。根据需要修改，细心做好安全监督。

1. 教师必须仔细控制学生用于支撑体重的那条腿。让学生的脚跟平放在地板上，膝盖微微弯曲，扶着没有承重的那条腿。

2. 帮助学生跨越低矮的障碍，如：排成一行的直尺或放在地板上的梯子的横挡。

3. 教师扶着学生肩膀，学生做单脚穿裤子的活动。

4. 让学生站在桌子上看书或做精细运动或艺术活动。让学生把一只脚放在一张矮凳上。这样就把他的重心移到他的身体前面。用另一只脚重复练习。确保学生身体没有前倾，但他伸出的那条腿在负重。

5. 站在学生身后，一只手抬着他的一条腿，另一只手扶着他，让学生体验所处的位置同时随着音乐的节奏摇动。用另一条腿重复练习。

6. 教师逐步减少对学生的帮助，慢慢地放开他的手，只扶着他的腿。

7. 与学生一起活动，都只是握着学生的手不再扶着他的腿，要求学生模仿动作。

8. 在镜子前面做动作，以便让学生在镜子中观察这个活动。

9. 让学生单脚站立。让学生伴着音乐左右摇动同时减少对学生的支持。

10. 扶着学生的身体。

11. 减少支持，只扶着学生的髋骨。把学生的手放在教师的肩上。

12. 握着学生的双手，练习单脚站立。

13. 站着并握着学生的一只手，练习单脚站立。

■ 1.40 在梯子上爬上爬下，一次爬一个横挡

活动主题：爬梯子

能力要求：步行、视力、动手能力

兴趣水平：学前、小学、中学生、青少年

材料：梯子在物理治疗师的指导或帮助下使用或修改。根据需要修改，细心做好安全监督。

注意：教师或助手应该一直站在旁边以防学生跌倒。

1. 让学生在比较容易攀爬的设备上开始活动，如：带有扶手的梯子、室内体育馆或室外体育馆。

2. 告诉学生重要的是扶着梯子而不是依赖教师的支持。

3. 让学生在儿童攀登架的下面和周围玩耍，从而先让他们熟悉一下这个设备。

4. 让学生赤着脚爬。赤脚不那么滑，比硬底鞋、橡胶拖鞋或凉鞋更安全。

5. 为学生演示如何一次爬上一个横挡。

6. 开始的时候帮助学生爬下来，因为爬下来比爬上去更难。

7. 为学生演示如何抓住一个低的横挡并悬在空中。

8. 扶着学生帮助他从梯子上下到地面。当他感到自信的时候，让他自己向下移动。

■ 1.41　弯腰捡东西而不跌倒

活动主题：弯腰捡物

能力要求：走动、视力、动手能力

兴趣水平：学前、小学

材料：同等数量的红色、黄色、绿色、蓝色和1个黑色的刷上颜料的卷纸筒

1. 用卷纸筒来玩"挑棒子"游戏。

2. 根据学生的协调能力来确定"棒子"的数量，确保各种颜色的数量相同并且只有一个黑色的"棒子"。

3. 让学生围成一圈站着。

4. 让"棒子"自由落下。

5. 让每个学生轮流尝试拿起"棒子"而不触动其他"棒子"。

6. 在学生需要的时候提供帮助。

■ 1.42　下蹲并保持平衡

活动主题：下蹲练习

能力要求：走动、视力、动手能力

兴趣水平：学前、小学、中级学生、青少年

材料：地毯片儿或油布

1. 准备2套25cm×25cm的地垫，每套4片儿。

2. 用粉笔画出相距约3米的起点线和终点线。

3. 把全班分为2组。

4. 让每个小组在起点线后面排队。

5. 教师告诉学生将会发给每组中的第一个学生两片颜色相同的地垫。

6. 告诉他们蹲下，把一片地垫放在他们面前的地上，踩上去，再蹲下来；把另一片地垫放在第一片地垫前面，踩上去。

7. 让他们返回来，拿起第一片地垫，放在他们面前，踩上去。

8. 告诉他们继续下去，直到他们到达终点线。然后他们要拿起两片地垫，跑到起点，把地垫传给下一个学生。

9. 教师把地垫交给两组排头的学生，说："开始。"

10. 学生开始活动，让每个学生都有机会参与。

■ 1.43　推着或拉着货车走3米

活动主题：推物或者拉物前进

能力要求：走动、视力、动手能力

兴趣水平：学前、小学、中学生、青少年

材料：椅子、凳子、玩具箱、废纸篓

在物理治疗师的指导或帮助下使用或修改。根据需要修改，细心做好安全监督。

1. 让学生推一张椅子、一个凳子、一个玩具箱、一个大型充气玩具或一个大的废纸篓。

2. 向学生示范如何在房间里推一个大纸箱。教师可以设计让这个活动更有趣，如：准备礼物并放置在盒子里。

3. 让学生把动物或玩具装在箱子里，并带它去兜风。

4. 增加推拉难度：把一个重物放在箱子里，如：积木、玩具、一袋重达5斤的糖或面粉。

5. 向学生示范如何把一个坚固的箱子、凳子或椅子推到玩具货架前，并且爬上箱子找回一个够不到的玩具。

6. 向学生示范如何扶着箱子边缘拉这个箱子并走在箱子前面。鼓励学生换另一只手来拉箱子的另一侧。

7. 在箱子上打个孔当作把手，或者用一根绳子穿过小孔给学生当作把手。

■ 1.44　用双臂接住一个被抛出 1.5 米远的大球

活动主题：双手接物

能力要求：走动、视力、动手能力

兴趣水平：学前、小学、中学生、青少年

材料：大笼球

在物理治疗师的指导或帮助下使用或修改。根据需要修改，细心做好安全监督。

1. 让学生站着，向他吹气泡。让他拍打气泡或者用他自己的吹泡泡玩具来捕捉气泡。

2. 让学生坐在地板上或小椅子上（辅助平衡），扔给他一个大球，让他接住。

3. 让另一个助教移动学生的手，帮助他抓气球，从而让他获得成功的经验。这样也可能有助于提醒学生在气球出现的时候一直看着气球。

4. 在学生坐着成功接到气球后，让他站着接气球。

5. 用一个大球把这个活动重复2到4次。

6. 在学生可以接到直接扔给他的球之后，把球扔向一边，从而要求学生具备更高的平衡能力。

■ 1.45　双脚并拢从 30 厘米高的踏板上跳下去

活动主题：向下跳

能力要求：走动、视力、动手能力

兴趣水平：学前、小学、中学生

材料：垫子、坚固的箱子或踏板、秒表

1. 把一个大垫子铺在地板上。

2. 把几个踏板或箱子排成一列，间距为1米左右（确保这些箱子或踏板坚固、稳定）。

3. 将学生分成2组。

4. 告诉第一组的学生轮流跑向第一个箱子、踩上去、双脚并拢跳下去，直至到达垫子的尽头并坐下来。每个人都要参与。

5. 记下第一组跑过垫子的时间，然后让第二组做同样的活动，并为第二组计时。

6. 比较两个小组的时间，宣布用时较短的小组获胜。

■ 1.46 踮起脚尖 10 秒

活动主题：踮脚尖

能力要求：走动、视力、动手能力

兴趣水平：学前、小学、中学生

材料：大笼球、毛巾、休闲食品

在物理治疗师的指导或帮助下使用或修改。根据需要修改，细心做好安全监督。

注意：这个活动不适用于腿部伸肌痉挛的脑瘫学生。

1. 让学生趴在一个大笼球上。让他的腿靠下一点，以便让脚趾触地。让他用脚趾反复弹跳，不要让他的脚跟接触地面。

2. 让学生踮着脚尖去够一个稍微难以够到的物品，如毛巾架上的毛巾。

3. 让学生去够厨房柜台顶部的休闲食品。

4. 把一个学生喜欢的物品挂在让学生刚好够不到的高度。鼓励他踮着脚尖、扶着墙去够。

5. 把一个物品或一幅图画挂在墙上。学生必须踮起脚尖才能够到它。

6. 把气球从天花板上悬垂下来，让学生必须踮起脚尖才能拍到它。

■ 1.47 在 10 厘米宽的纸线或平衡木上走 2 步

活动主题：平衡训练

能力要求：走动、动手能力

兴趣水平：学前、小学、中学生

材料：木栈道、纸花、伞

1. 用鲜艳的纸花装饰雨伞。
2. 把平衡木放在学生前面。
3. 根据学生的能力调整平衡木。
4. 帮助每个学生轮流打着伞走在平衡木上。
5. 根据需要走在学生旁边提供帮助。
6. 为学生的动作配上走钢丝的音乐。
7. 在学生每次表演后都鼓掌激励。

■1.48　在一个直径为 6 米的圆圈上继续走下去

活动主题：沿线走路

能力要求：走动、动手能力

兴趣水平：学前、小学、中学生

材料：粉笔

1. 用粉笔在地板上画一个大的圆圈。
2. 告诉学生他们要玩"超级英雄"，他们必须完全照教师要求来做。
3. 让学生在教师后面排队。
4. 开始像鸭子一样绕圈走路，两只脚分开，线在两脚之间。
5. 继续像鸭子一样走路，双手放在腰部、空中、旁边或头上。
6. 停下来，转身朝相反的方向重复刚才的动作。
7. 给每个学生领头机会，让他们充当英雄并进行练习，直到学生能熟练开展活动。

■1.49　借助扶手上下楼梯，双脚交替而无须扶手

活动主题：双脚交替上下楼梯

能力要求：走动、动手能力、视力

兴趣水平：学前、小学、中学生

材料：楼梯、玩具

在物理治疗师的指导或帮助下使用或修改。根据需要修改，细心做好安全监督。

1. 示范交替双脚的方法，一只脚每次只迈一步。在活动中观察学生并和学生一起走。

2. 如果可能的话，用低台阶和高度与学生身高相适合的栏杆来练习。把玩具放在第二或第三个台阶上让学生去拿。如果楼梯足够窄，学生可以同时扶着两边的扶手。

3. 把图片放在楼梯上让学生看。

4. 把楼梯涂上鲜艳的颜色，或者用彩纸盖住楼梯（吸引学生参加活动的内容）。确保彩纸粘牢，边缘处没有松动。

5. 给攀爬活动结束的学生准备一个奖品。

6. 有条件可以改建楼梯扶手，以便于学生上下楼梯去洗手池或厕所。

7. 将剪出的脚印放在楼梯上（确保这些纸质脚印踩上去不打滑）。鼓励学生上楼时把脚放在这些脚印上走。

8. 表演"大步"上楼梯。夸大自己双脚的交替。

第二章　大运动 II

具备操作技能并且在运动时维持稳定

 行为标识

不能完成投掷、抛接物品和踢球

不能完成单、双脚跳跃且维持平衡

不能单脚站立并且维持平衡

不能荡秋千

不能骑三轮车和自行车

不能按要求（速度、距离、规则）完成跑步

上肢力量欠缺，无法完成要求动作

不能携物上下楼梯

运动中无法维持稳定

■ 2.01 把一个大球扔向空中，然后用手和身体把球接住

活动主题： 空中接物

能力要求： 视力、动手能力

兴趣水平： 学前、小学、中学生

材料： 2个大笼球

1. 面向学生站着。

2. 把一个大球放在学生前面的地上，另一个大球放在教师前面的地上。

3. 告诉学生你们要玩"抛接球"的游戏，他们必须完全照教师要求来做。

4. 用双手把球拿起来，告诉学生照做。

5. 用双臂上下扔球，而不让球掉在地上。然后告诉学生照做。

6. 在和学生讲话的时候，示范如何把球抛向高处并接住。

7. 告诉学生向上抛球的时候把手松开，当球落下来的时候迅速接住它。

8. 如果有必要的话，再次指导学生扔球。

9. 当学生在扔球和接球方面获得信心的时候，让他把球扔得更高些。

■ 2.02 让一个大球从地板上弹起来，然后用手和身体把球接住

活动主题： 空中接物

能力要求： 走动、视力、动手能力

兴趣水平： 学前、小学、中学生、青少年

材料： 用过的自行车轮胎、大的玩具球或篮球、秒表

1. 从自行车店收集5个用过的自行车轮胎（可以用呼啦圈代替）。

2. 把自行车轮胎在操场上排成一行，间距大约为30厘米。

3. 把一个球交给学生，告诉他把球在第一个轮胎中央拍下，并接住它，然后继续在这一排轮胎中的其他轮胎内做同样的动作。

4. 让每个学生都试一试，然后告诉他们，教师要数一数他们接球的次数。

5. 数出和记录学生接球的次数。

6. 加大难度：用秒表计时，看谁能在最短的时间内接住最多的球。

■2.03　确定球扔出去的大致方向，用双手把一个大球从胸部位置上投出去

活动主题：目标投球

能力要求：视力、动手能力

兴趣水平：学前、小学、中学生

材料：小盒子/纸板箱、大型玩具球

1. 把学生分成2组。

2. 告诉学生面对面排成两行，组成一条小巷。

3. 把3到4个小的纸板箱（小盒子）放在小巷的一头。

4. 选择一个学生站在小巷的另一头，准备朝纸板箱方向扔球。

5. 把大球交给学生。

6. 让学生把球沿着小巷扔过来，让球撞倒纸板箱。

7. 数一数每个学生撞倒了多少个，为他们计分。

8. 继续下去，直到每个学生至少轮到2次机会。

9. 随着学生能力的增强，使用更小的球和更多的纸板箱。

■2.04　对着墙扔一个大球，然后用手和身体把球接住

活动主题：接球训练

能力要求：视力、动手能力

兴趣水平：学前、小学、中学生、青少年

材料：厚纸、剪刀、遮蔽胶带、大球、蜡笔

1. 让学生选择他们最喜欢的图形。

2. 用喜欢的彩色厚纸剪出这些选定的图形，这个图形要足够大，可以充当被球击中的目标。

3. 把这些图形粘贴在墙上。

4. 每3个或4个学生一组，把一个橡胶球交给其中的一个。

5. 用胶带标记投球线，让学生站在投球线后面（墙面离开学生的距离适当）。

6. 让学生站在他们所选的图形后面。

7. 告诉学生他们要朝着所选的图形目标投球，并在球弹回来的时候把球接住。

8. 向学生示范。

9. 告诉学生：当教师说"准备，击打你的目标"时，开始行动。

10. 教师还可以组织接力赛，每一个让队员都击中目标图形并接住球的小队获胜。

11. 还可以让学生画出他们自己的脸，用他们的脸部图片当作靶子。

■2.05 用手和身体接住别人从1.5米远的地方扔过来的一个大球

活动主题：接球训练

能力要求：走动、视力、动手能力

兴趣水平：学前、小学、中学生、青少年

材料：大笼球

1. 准备大型橡胶球。

2. 告诉学生在教师周围围成一圈。

3. 教师指定每个学生一个号码。

4. 告诉所有学生这些号码的范围。

5. 告诉学生，教师将要把球抛向空中并喊出一个号码。

6. 告诉学生：带有这个号码的人必须跑进圈里并在球落地之前把球接住。

7. 把球抛向空中并喊出一个号码。

8. 告诉接球者如果他在球落地之前把球接住，他可以待在圈子里并成为下一个叫号者。

9. 如果接球者没有接住球，让他回到原处；投球的人再次投球并喊出一个不同的号码。

10. 继续下去，直到每个学生都有2次机会。

11. 稍后，让那些第一次没有接住球的学生额外多试一次。

■2.06 用手接住别人从1.5米远的地方扔过来的一个大球

活动主题：接球训练

能力要求：视力、动手能力

兴趣水平：学前、小学、中学生

材料：皮球

1. 让4个学生面向教师排成一排。

2. 他们可以坐着、站着或坐在轮椅上。

3. 告诉学生，教师将要轮流把球扔给他们中的每一个。

4. 让学生接球并在被这个"烫山芋"烫伤之前尽可能快速把球扔回来。

5. 告诉学生在接球时可以大喊"烫山芋"，从而增加活动的趣味性。

6. 教师还可以让其他学生代替自己主持活动。

■ **2.07　踢一个两步远的静止的球**

活动主题：踢球训练

能力要求：走动、视力

兴趣水平：学前、小学、中学生、青少年

材料：皮球、2个球门柱

1. 让学生站在一个指定的地点。

2. 把一个20厘米的皮球放在他前面至少2步远的地方。

3. 把2个小的球门柱放在距离学生要踢的球2米的地方。

4. 告诉学生踢球并让球通过球门。

5. 让学生使用右脚和左脚。

6. 在每个学生都练习后，把学生分成2组。

7. 如果小组成员在第一次尝试的时候就让球通过了球门，为这个小组计分。

8. 继续下去，直到每个学生都有机会。

■ **2.08　双脚并拢向前跳1米或者向后跳1米的距离**

活动主题：并脚跳远

能力要求：走动、视力、听力、动手能力

兴趣水平：学前、小学、中学生

材料：大布袋或枕套、橡皮筋、粉笔

1. 发给每个学生一个布袋。

2. 让学生把两只脚伸进布袋里。

3. 用橡皮筋把每个学生的腿和布袋捆在一起（不太紧）。

4. 用粉笔在活动场所画一个1m×1m的正方形，或者把正方形贴在地板上。

5. 示范如何在腿上绑着布袋的情况下跳动（仔细监管）。

6. 告诉第一个学生朝前跳过正方形。

7. 再让学生往后边跳。

8. 让每个学生都有几次练习机会。

9. 教师还可以让学生开展接力赛，先绑着布袋向前跳，再向后跳。

■2.09　单脚站立保持平衡5秒钟，双眼睁开、双臂向两侧伸开或抱在胸前

活动主题：单脚站立平衡

能力要求：走动、视力、动手能力

兴趣水平：学前、小学、中学生、青少年

材料：粉笔或细绳

1. 用粉笔在活动场所画一个大圆，或者用细绳在草地上做一个圆。

2. 告诉学生围着这个圆站着。

3. 挑选4个学生玩"挤出"游戏，并告诉他们站在圆内。

4. 尽量根据能力分组，以便保持平衡。

5. 告诉学生把双臂抱在胸前，并且单脚站立保持平衡。

6. 解释游戏的目的，是通过互相推挤迫使彼此失去平衡（教师仔细监管）。

7. 双脚着地的学生必须离开这个圆。

8. 发出"开始"信号，开始"挤出"。

9. 为比赛或游戏计时，直到只有一个学生留在圆内。

■2.10　单脚站立保持平衡5秒钟，闭着双眼、双臂向两侧伸开或抱在胸前

活动主题：单脚站立平衡

能力要求：走动、听力、语言、动手能力

兴趣水平：学前、小学

材料：地毯或者上面画着双脚的一大张厚纸

1. 把地毯或者上面画着脚的一大张厚纸放在地板上。

2. 让学生脱掉鞋。

3. 让学生坐在地毯周围的地板上。

4. 告诉学生活动要求，他们每个人都可以轮流用任何一只脚站立。

5. 每个人单脚站立时要保持平衡，双眼睁开、双臂伸展，而其他学生从1数到5。

6. 能完成的学生，要闭上眼睛再做一遍。

7. 完成单脚站立5秒以上的人，都可以挑选下一个学生来单脚站立。

8. 活动中，教师鼓励所有的学生一起数数。

■2.11 尝试跳跃

活动主题：单脚跳跃

能力要求：走动、听力

兴趣水平：学前、小学

材料：鼓

1. 为学生示范跳跃动作。

2. 握着学生的手，和他一起练习右脚跳和左脚跳。

3. 告诉学生独立试一试。

4. 当学生选择了一种单脚跳的模式后，随着他的节奏击鼓或拍手。

5. 在有节奏地击鼓之后，让学生随着新的节拍跳跃。

■2.12 完成翻跟头的动作

活动主题：翻跟头

能力要求：走动、视力、动手能力

兴趣水平：学前、小学、中学生

材料：垫子

1. 把垫子铺在地板上。

2. 让学生脱掉鞋。

3. 告诉学生他们将要轮流翻跟头。

4. 示范翻跟头的动作。

5. 问："谁翻过跟头？"

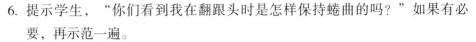

6. 提示学生，"你们看到我在翻跟头时是怎样保持蜷曲的吗？"如果有必要，再示范一遍。

7. 告诉学生站在垫子的一头。

8. 告诉他蹲下，必要时给予帮助。

9. 告诉他把手放在腿部外侧的垫子上，手指向前。

10. 告诉他把下巴贴到胸部并开始滚动，直到他的双脚触到垫子。

11. 根据需要提供帮助。

■2.13 保持秋千摆动的惯性

活动主题：荡秋千

能力要求：走动、视力、动手能力

兴趣水平：学前、小学、中学生

材料：秋千、大笼球

注意：仔细监管，并且只有能够坐在秋千座位上的学生才能做这个活动。

1. 让学生以正确的姿势坐在秋千上，臀部在秋千椅子上坐得足够深，双手牢牢地握住秋千的链子。

2. 站在学生后面，轻推几次，直到秋千以良好的惯性在摆动。

3. 绕着打秋千的学生走动，然后站在他的前面。

4. 拿着操场上用的一个大球。

5. 告诉学生在向前摆动的时候用双脚推这个球。

6. 重复操作，直到学生在球的帮助下学会荡秋千。

7. 不用球的帮助，重复荡秋千。

注意：对于学生来说，站在秋千前边是危险的。在其他学生不在操场的时候进行这个活动，这样他们就不会模仿教师站在秋千前面。

■2.14 骑三轮车

活动主题：骑三轮车

能力要求：走动、视力、动手能力

兴趣水平：学前、小学

材料：三轮车

注意监管学生的安全：速度、翻倒、控制。

1. 一开始使用没有踏板的三轮车。鼓励孩子先用一只脚推，再用另一只脚推。

2. 允许孩子坐在三轮车上，开始时先用脚在地面上推动。把他的脚放在踏板上，向他展示怎样蹬着踏板前进。

3. 向前推孩子的一个膝盖，然后推另一个膝盖，从而帮助孩子一次移动一只脚。

4. 让学生双脚蹬在踏板上（必要时把双脚固定在踏板上，或者使用延长的踏板）。

5. 让一个助教在前面面对着学生，对学生给予奖励。

6. 让另一个助教在学生后面，双手扶着学生的大腿以保护学生的安全或控制大腿的动作。

7. 让前面的助教告诉学生"踩踏板"或"来"。

8. 让另一个助教对学生的大腿施加推力，从而让三轮车前进。

9. 每次重复练习时，只施加必要的推力来推动三轮车。

10. 随着学生能力的增强，鼓励并允许学生自己踩踏板。

■ 2.15　向前或往回奔跑

活动主题：往返跑

能力要求：走动、视力

兴趣水平：学前、小学、中学生

材料：锥形交通路标、秒表

1. 建立超越障碍训练场：把3个足球或锥形交通路标排成一列，间距大约为3米。

2. 把学生分成两队。

3. 告诉学生穿梭奔跑，直到他们到达最后一个锥形交通路标，然后往回奔跑。

4. 让每个学生都练习几遍。

5. 当学生轮流往返奔跑的时候，为第一个小队计时。

6. 为第二个小队计时。

7. 比较两队的时间，宣布用时最少的小队获胜。

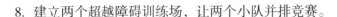

8. 建立两个超越障碍训练场，让两个小队并排竞赛。

■2.16 跑6米的距离，打破步幅和节奏

活动主题：跑步训练

能力要求：走动、视力、听力

兴趣水平：小学、中学生

材料：绿色、黄色和红色的纸、胶带

1. 用胶带纸在地板上做出2条间距为1.5米的彩线。
2. 让学生站在第一条线上。
3. 举起一张绿纸做的圆牌，并且说"绿灯"，同时站在第二条线上。
4. 让学生从一条线"跑"到第二条线上。
5. 如果学生有困难，拉起学生的手，和他一起跑。
6. 让学生回到第一条线上，重新举起绿牌并且说"绿灯"，并告诉学生 "跑"，直到学生能独立从第一条线跑到第二条线上。
7. 在距离第二条线1.5米的地方增加第三条线。
8. 让学生从第二条线开始。
9. 举起一张黄纸做的圆牌并且说"黄灯"。
10. 让学生"走"到第三条线上。
11. 重新开始，在第一条线上用绿灯，在第二条线上用黄灯。
12. 增加第四条和第五条线，间距为1.5米。
13. 把绿灯和黄灯轮流换成表示"停下来"的红灯。
14. 继续下去，直到学生能够连续走过整个的6米直到最后一条线。

■2.17 跑过越野障碍训练场，避开路上的物体或人

活动主题：跨越障碍跑

能力要求：走动、视力

兴趣水平：学前、小学、中学生

材料：秒表

1. 选一些学生充当太空中的"行星"。

2. 让他们站在房间周围。

3. 选一个学生充当"火箭飞船"。

4. 告诉"火箭飞船"蹲下来，教师为发射升空倒计时，"火箭飞船"跳起来，跑着绕过每个"行星"，然后回到起点。

5. 让每个学生都有几次练习跑步的机会。

6. 告诉"火箭飞船"，教师将会为他计时，他每次绕过一个"行星"而不碰到它的时候都会得1分.

7. 为每个学生计时，并数一数他们没有碰上的"行星"数量。

■2.18　搬着一个物体走 3 米，这个物体足以挡住看向地面的视线

活动主题：持物前进

能力要求：走动、动手能力

兴趣水平：学前、小学、中学生

材料：胶带、纸、剪刀、砂纸、箱子

1. 让学生脱掉鞋和袜。

2. 用砂纸剪出一些"脚"的形状。

3. 剪出来的"脚"应该比成年人的脚小，比学生们的脚稍大。

4. 用胶带把这些"脚"在地板上粘贴出想要的图案。

5. 示范将要进行的活动。

6. 让学生拿起盒子——立方体或相关的物体，这些物体必须足以挡住学生看向地面的视线。

7. 让学生搬着盒子沿着"脚"的图案前进而不向下看。

8. 如果教师愿意，还可以把砂纸剪成的"脚"剪贴在一张大纸上，并且在不用的时候把它们卷起来。

■2.19　从躺着到坐起来

活动主题：仰卧位转换到坐位

能力要求：走动、动手能力

兴趣水平：学前、小学

材料：倾斜的练习板

在物理治疗师的指导或帮助下使用或修改。

1. 让学生躺在倾斜的练习板上，头高于脚。

2. 让一位助教控制着学生的脚，让它处在一个适当的位置，而另一位助教扶着学生的头。

3. 轻轻地、慢慢地拉起学生的手，同时说："拉。"

4. 重复练习，直到学生能够自己在斜面上坐起来。

5. 让学生快速滑下来，这样一来，只有他的头部在斜面上被垫高了。

6. 再次让两位助教帮忙，不让他的脚下滑，把他的胳膊向上拉，直到学生能够独立坐起来。

7. 让学生躺在一个完全水平的位置上并重复上述练习。

8. 如果学生仍然有困难，轻轻地推他起来，扶着他的肩膀下方。

9. 让学生把手放在脑后坐起来，或者完成规定的坐起来的次数。

■ 2.20 在 10 厘米宽的平衡木上走 4 米而不下来

活动主题：平衡训练

能力要求： 走动、视力、动手能力

兴趣水平： 学前、小学、中学生

材料： 呼啦圈、平衡木

1. 让学生站在平衡木的一头，面向平衡木。平衡木应该是水平的、稳定的，距离地面不超过15厘米。保证学生安全。

2. 面向学生，跨坐在平衡木上，同时拿着一个大型的呼啦圈。

3. 把呼啦圈套在学生的腰部。

4. 让学生用双手抓住呼啦圈的侧面而不是前面。

5. 扶着学生的呼啦圈给他以支持，直到他获得稳定的平衡。

6. 告诉学生看着他的脚、在平衡木上向前走。

7. 当学生的平衡力允许时，不再为他扶着呼啦圈。

8. 当学生的信心和技能允许时，撤掉呼啦圈。

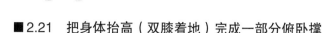

■ 2.21 把身体抬高（双膝着地）完成一部分俯卧撑

活动主题：抱腿爬行

能力要求：动手能力

兴趣水平：学前、小学

材料：食物（奖品）、秒表

在物理治疗师的指导或帮助下使用或修改。

1. 让助手抬高学生腰部和双腿，让学生双腿分开，就像推着独轮车走路一样。

2. 让另一个助手固定住学生的肘部并扶着学生的胳膊，保持两只胳膊要一个一个地前进。

3. 如果学生视障或者听障，用食物碰触他的嘴巴，或者在他前面摇晃他所喜欢的东西，从而帮助他把头抬起来。

4. 开始的时候让学生前进几厘米或者尽可能远的距离。

5. 表扬学生正确的胳膊运动或抬头动作。

6. 告诉学生，教师在表扬他的哪个动作。

7. 随着学生越来越熟练，增加运动时间和减少对他的帮助。

8. 教师还可以让他和另一个学生竞赛，或者打破以前的时间纪录。

■ 2.22 在坐着且双腿伸开的时候触摸脚趾

活动主题：拉伸训练

能力要求：走动、视力、动手能力

兴趣水平：学前、小学、中学生

材料：软垫

1. 让学生坐在地板上，双腿向前伸开（一边说一边示范）。

2. 要求学生们伸手去够脚趾。

3. 告诉学生们"我用这种方法可以够到我的脚趾"，并为他们示范：手心向下用手在大腿上向前伸，直到手指触到脚趾（不要让学生勉强去"够"。如果必要的话，让他微微弯曲膝部。）

4. 询问学生："现在谁能用另一种方法够到脚趾？"例如：把手握成拳头，把拇指伸出来，用拇指向下压住大腿上方，直到够到脚趾。

5. 选择学生用不同的方式去够他的脚趾。

6. 继续选择学生，直到所有不同的方法都用过了。

■2.23 把身体抬高完成整个的俯卧撑（脚趾着地，而不是膝盖）

活动主题：抱腿爬行

能力要求：走动、视力、动手能力

兴趣水平：学前、小学、中学生

材料：软垫

在物理治疗师的指导或帮助下使用或修改。

1. 让助手抬高学生腰部和双腿，双腿分开，就像推着独轮车走路一样。

2. 让另一个助手固定住学生的肘部并扶着学生的胳膊，保持两只胳膊要一个一个地前进。

3. 如果学生视障或听障，用食物碰触他的嘴巴，或者在他前面摇晃他所喜欢的东西，从而帮助他把头抬起来。

4. 开始的时候让学生前进几厘米或者尽可能远的距离。

5. 表扬学生正确的胳膊运动或抬头动作。

6. 告诉学生，教师在奖励他的哪个动作。

7. 随着学生越来越熟练，增加运动时间和减少对他的帮助。

8. 教师还可以让他和另一个学生竞赛，或者打破以前的时间纪录。

■2.24 带着东西上下楼梯

活动主题：持物上下楼梯

能力要求：走动、视力、动手能力

兴趣水平：学前、小学、中学生

材料：楼梯、胶带、彩纸、剪刀、可以搬运的安全的物件（不太大也不易碎）

注意：做好安全监管。

1. 选择要用的楼梯。

2. 选择两种颜色代表左边和右边。

3. 用不同颜色的图画纸剪出左右脚印，以便把这些脚印固定在楼梯上。

4. 把两种颜色的脚印用胶带贴在每个台阶上。确保脚印不滑并且粘贴牢固。

5. 告诉学生站在台阶的一头。

6. 把代表左边和右边的不同颜色的圆形固定在学生的鞋头上。

7. 让学生拿着东西。

8. 让学生走在台阶上，台阶上脚印颜色和脚上的圆的颜色要一致。

9. 告诉学生继续走下去，同时不要让手中的物体掉下来。

■2.25　单脚跳 1 米 /1.5 米 /5 米的距离

活动主题：单脚跳

能力要求： 走动、视力

兴趣水平： 学前、小学、中学生、青少年

材料： 标签纸、胶带、剪刀

1. 用标签纸剪出10cm×20cm大小的数字，如：1、2、3、4、5。

2. 把这些数字间隔25厘米在地板上摆成直线、圆形或正方形。

3. 把这些数字用胶带固定在地板上。

4. 让学生们脱掉鞋，站在指定的起点位置。

5. 选择一个学生沿着直线、圆形或正方形单脚跳，直到他到达一个指定的数字。

6. 监管学生，不要让他滑倒。

7. 开始的时候，选择离学生近的数字。逐渐要求他跳得更远，一直跳到某个特定的数字。

8. 帮助有困难的学生。

■2.26　利用头顶上方的单杠，在横杆上吊挂 5 秒钟

活动主题：单杠引体向上

能力要求： 动手能力

兴趣水平： 学前、小学、中学生

材料： 高于头顶的单杠、垫子

1. 把垫子放在单杠下面。

2. 示范把手吊挂在高于头顶的单杠上。

3. 让学生们数1、2、3、4、5。

4. 帮助学生爬到高于头顶的单杠上。

5. 帮助他的手指抓紧单杠。

6. 让学生在握住单杠时开始摇晃。

7. 让大家一起数1、2、3、4、5。

8. 如果学生没有成功，把教师的手放在他的手上，然后扶着他的手并等着大家数数。

9. 每天都重复同样的过程：首先让助手握住没有成功的学生的手，然后在助手的手离开学生的手时开始数数。

10. 继续下去，直到所有的学生都可以在大家数数时握住单杠。

■ 2.27 横吊在梯形横杆上

活动主题：单杠移动

能力要求：视力、动手能力

兴趣水平：学前、小学、中学生

材料：梯形横杆、胶带、剪刀

1. 剪出几条10厘米长的红色胶带。

2. 剪出相同数量的蓝色胶带。

3. 在梯形横杆上每一格都贴上红色胶带和蓝色胶带，胶带位置放在学生悬吊横向移动时，左右手可以抓住相应的地方。

4. 向学生示范怎样通过用左手和右手抓住正确颜色的胶带来横向移动。

5. 让学生开展活动，帮助他开始移动。

6. 确保学生在开始时用正确的那只手握住正确颜色的胶带。

7. 如果学生完成了任务而没有掉下来，告诉其他学生拍手鼓励。

8. 继续下去，直到每个学生有2次机会。

■ 2.28 用球棒击打一个静止的 / 滚动的 / 弹跳的大球

活动主题：击打静止目标

能力要求：视力、动手能力

兴趣水平：学前、小学、中学生、青少年

材料：儿童棒球架、标签纸、胶带、15cm皮球、塑料棒球拍

1. 用标签纸剪出一个靶子并把靶子粘贴在学生前面大约1米处的一面墙上。

2. 把棒球架放在学生前面，球架上放着一个球。

3. 向学生解释关于棒球球拍的正确使用规则。

4. 根据球拍的大小和学生胳膊的长度，帮助学生调整他和球架的相对位置。

5. 把球拍交给学生。

6. 让学生用球拍把球从球架上打落并且努力让球击到墙上。

7. 学生每次击中目标都为他计分。

8. 记录学生的分数，第二天再重复。

9. 如果学生的得分比前一次高，对学生给予奖励。

10. 教师还可以把学生分成2队并开展竞赛。

■2.29　用球棒击打一个从1.5米远的地方扔过来的球

活动主题：击打活动目标

能力要求：视力、动手能力

兴趣水平：学前、小学、中学生、青少年

材料：垒球、球拍、纸、简易足球门

1. 向学生解释正确游戏规则。

2. 根据球拍的大小和学生胳膊的长度，帮助学生调整他和球门的相对位置。

3. 把球拍交给学生。

4. 告诉学生把球从教师的旁边击打过去。

5. 轻轻地把球打进球门。

6. 学生每次击球时，为他计1分；学生击出去的球经过教师旁边时，为他计2分。

■2.30　骑上配备了辅助轮的自行车

活动主题：骑辅助轮自行车

能力要求：视力、动手能力

兴趣水平：学前、小学、中学生、青少年

材料：辅助轮自行车

1. 在学生仰躺时帮助他练习曲腿和直腿。帮助学生移动双腿，然后让他自己动。唱一首有节奏感的关于骑自行车的歌。

2. 如果学生够不到踏板，在踏板上接一块儿木头。如果学生需要，用带子把他的双脚固定在踏板上。

3. 鼓励学生在教师的监管下自己骑到自行车上。他可以扶住自行车车把，从后面或者侧面上车：先把一只脚抬起来蹬在踏板上，然后是另一只脚。如果学生从后面上自行车，他在坐上车座之前应该先站在后缘。

4. 如果学生没有充分建立起坐姿平衡，骑三轮车可以是一项有用的运动技能。可以买或做用以支持后部的座位加长带。为了安全起见，可以增加安全带。

■ **2.31　在横杆上吊5秒钟并保持下巴上扬**

活动主题：单杠引体向上

能力要求：视力、动手能力

兴趣水平：学前、小学、中学生

材料：横杆、垫子

1. 把一个垫子放在单杠下面。

2. 给学生看单杠。

3. 让学生自告奋勇"吊在空中"。

4. 把自告奋勇的学生的双手放在单杠的适当的位置上。

5. 扶着吊在空中的学生。

6. 告诉学生把下巴扬起来。

7. 一边扶着学生，一边大声数到5秒钟。

8. 在数数的时候逐步减少帮助，只是托着学生的脚底。

9. 直至取消对学生所有的身体支持。

■ **2.32　双脚跳过15厘米高的绳子**

活动主题：双脚跳高

能力要求：走动、视力、动手能力

兴趣水平：学前、小学、中学生

材料：用过的、瘪的自行车轮胎（或呼啦圈）、锥形警示标、绳子

根据需要修改。

注意：仔细监管。在柔软的草地上或室内的垫子上活动。

1. 把自行车轮胎放在地上，让学生练习双脚跳进轮胎的中央。

2. 把绳子固定在2个锥形的安全警示标上。

3. 把这两个锥形警示标分开，让其间距为15厘米。

4. 让学生在轮胎做成的环里跳进跳出，然后从绳子上跳过去。

5. 把锥形警示标和绳子移到离轮胎更远的地方，从而让学生们像兔子一样从轮胎跳到绳子旁，然后再从绳子上跳过去。

6. 把一个细长的东西放在地上，让学生跳过去。如：绳子、码尺或拖把柄。

7. 把铃铛拴在一根颜色鲜艳的细绳上，让细绳距地面3厘米高。把细绳的两头固定在两个小凳子上、两把椅子的脚蹬横木上、楔进地里的两个木钉上或者插进沙滩上的沙子里的两把铁锹上。

8. 向学生展示怎样跳过细绳。扶着学生的手帮助他进行第一次尝试。如果他没有跳过去，铃铛就会发出响声，向他发出"有错"的信号。

9. 随着学生能力的提高，把细绳逐步移得更高。

10. 使用码尺或木钉代替细绳。如果码尺或木钉倒了，学生就可以很明显地看见自己的错误。

11. 在一个铺有地毯的地方或者有沙子的地方开始这一活动，这样，学生就不会因为摔倒而受伤。

12. 当学生停止跳动的时候，为他演示怎样弯曲膝盖。

■2.33　在适当的地方用每只脚单脚跳两次

活动主题：按要求单脚跳跃

能力要求：走动、视力

兴趣水平：学前、小学、中学生、青少年

材料：呼啦圈

1. 把5个呼啦圈在地上摆放成1行，让呼啦圈彼此接触。

2. 让学生在呼啦圈的一头排队。

3. 告诉学生要在每个呼啦圈里单脚跳2次，然后双脚跳进另一个呼啦圈里。

4. 一边示范一边唱"蹦蹦跳"，然后说："换脚，蹦蹦跳。"

5. 重复下去，直到到达最后一个呼啦圈。

6. 开始，让第一个学生开始，如果有必要，帮助他单脚跳。

7. 让所有的学生轮流跳。

8. 把呼啦圈放在不同的位置，对活动加以改变。

■2.34 通过对体重的横向转移，把小球扔出 8 米

活动主题：侧身扔球

能力要求：走动、视力、动手能力

兴趣水平：学前、小学、中学生、青少年

材料：球

1. 画一条8米长的线，并且标记出距离。

2. 为每个学生准备垒球、网球和多功能球。

3. 用不同的彩色胶带或者魔笔为每个球做上记号。

4. 让学生们排成一队。

5. 告诉学生们：一听到命令"扔"，他们就要把球扔向目标（球高于头顶），并观察球落在了哪里（根据颜色来看）。

6. 告诉学生们：一听到命令"开始"，他们就要跑向他们所扔的球、把它捡起来并且跑回队列的最后。

7. 根据需要，帮助学生。

■2.35 在 10 秒钟内冲出 50 米

活动主题：快跑练习

能力要求：走动、视力、动手能力

兴趣水平：学前、小学、中学生、青少年

材料：秒表、胶带

1. 找一条跑道，上面有起点线和50米以外的终点线。

2. 向学生们展示如何通过摆臂有效跑动。

3. 让学生们在起点线的后面画一条单线。

4. 发令"开始",并且为学生50米跑计时。

5. 帮助他们通过摆臂等快速跑动起来,让速度更快。

■2.36 用球棒击打从 1.5 米处扔过来的一个小球

活动主题:击打移动目标

能力要求:走动、视力、动手能力

兴趣水平:小学、中学生、青少年

材料:球、塑料球棒

注意:先向学生解释球棒安全知识。

1. 在运动场上放置2个障碍桶,间隔1.5米,学生分成两队分别站在障碍桶的两边。一边为投球组,一边为击球组。

2. 第一组开始:让投手投球,让击球手击球,完成5个。

3. 第一组完成之后,第二组进行。

4. 轮流进行直到全部完成。

5. 击球组和投球组交换练习。

■2.37 仰面躺下之后在 5 秒钟内站起来而不失去平衡

活动主题:仰卧快速站立

能力要求:走动、视力、动手能力

兴趣水平:学前、小学、中学生、青少年

材料:玩具、门

根据需要修改。

1. 创设游戏,在游戏中要求学生从仰卧改为站立。必要时帮助学生正确移动。

2. 学生假装在睡觉,然后要求起来关窗、关门、喝水。

3. 学生在仰卧时捡起地上的一些物件,如:玩具汽车、积木或动物玩具,然后站起来把它们放进"停车场、容器或房子"。

4. 请物理治疗师来评估脑瘫的学生是否适合这个游戏。

■2.38 跑上去踢一个正在移动的大笼球

活动主题：踢球

能力要求： 走动、视力、动手能力

兴趣水平： 学前、小学、中学生、青少年

材料： 球、盒子、胶带

根据需要修改。

1. 如果站立有困难，也可以教学生坐着踢球。

2. 帮助学生踢一个大笼球。

3. 教师示范踢一个大笼球。

4. 再让学生模仿动作，踢较小的球，逐渐减小球的尺寸，直到网球那么大。

5. 在外面的水泥地上画一条线或者在室内的地板上用胶带标记一条线。让学生站在60厘米外并且把球踢过这条线。逐渐把学生向后移。

6. 向学生示范如何把球踢进一个大盒子。逐渐使用更小的盒子。

7. 安排这个学生和一个成年人或者和另外一个学生一起踢球。

8. 确保学生练习用双脚交替踢球。

9. 踢球的时候，在学生的脚踝上加上一些重量较轻的东西。

10. 用上述游戏让学生踢一个重球。

11. 把一个大球从天花板上悬垂到距离地面5到8厘米的高度。让学生踢这个大球。

12. 教师还可以帮助学生把空的牛奶盒踢翻。把会发声的（铃铛等）放进牛奶盒。

13. 把一个床单或毯子挂起来，让学生踢球，这样，球就可以滚到床单的下面和后面。

14. 鼓励学生把球从一个短而宽的隧道踢过去或者从一个矮的长凳下面踢过去。

■2.39 双脚并拢，跳过一根40厘米高的绳子

活动主题：双脚跳高

能力要求： 走动、视力、动手能力

兴趣水平： 学前、小学、中学生、青少年

材料： 绳子

根据需要修改。

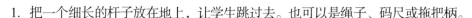

1. 把一个细长的杆子放在地上，让学生跳过去。也可以是绳子、码尺或拖把柄。

2. 把铃铛拴在一根颜色鲜艳的细绳上，让细绳距地面3厘米高。把细绳的两头固定在两个小凳子上，或者两把椅子的脚蹬横木上，或者楔进地里的两个木钉上，或者插进沙滩上的沙子里的两把铁锹上。

3. 向学生展示怎样跳过细绳。扶着学生的手帮助他进行第一次尝试。如果他没有跳过去，铃铛就会发出响声，向他发出"有错"的信号。

4. 随着学生能力的提高，把细绳逐步移得更高。

5. 使用码尺或木钉代替细绳。如果码尺或木钉倒了，学生就可以清楚地看见自己的错误。

6. 在一个铺有地毯的地方或者有沙子的地方开始这一活动，这样，学生就不会因为摔倒而受伤。

7. 当学生跳跃不够高的时候，为他演示怎样弯曲膝盖。

■2.40   跳绳

活动主题：跳绳练习

能力要求： 走动、视力、动手能力

兴趣水平： 学前、小学、中学生、青少年

材料： 绳子

1. 把跳绳放在地板上。

2. 让学生排队跳过绳子。

3. 学生跳过绳子后，让他们排队。

4. 告诉学生在绳子前迈出一步，然后从绳子上跳过去。

5. 为每个学生唱《跳绳》。

6. 逐步提高地板上的跳绳的高度。

7. 让2个学生拿着跳绳的两头并慢慢地前后摇晃。

8. 继续唱《跳绳》。

9. 通过在头顶上方摇绳子来加大难度。

10. 重复唱《跳绳》。

■ 2.41　在训练场上超越障碍跳过一些物体

活动主题：跳跃障碍物

能力要求： 走动、视力、听力

兴趣水平： 学前、小学

材料： 8个积木、计时器、喇叭、胶带、奖品

1. 准备8个不同颜色的积木、计时器和大型的自行车喇叭。
2. 用积木来设立路障。
3. 用胶带标记出一条起点线。
4. 告诉学生，当教师说"开始"时，他们就要跳过跑道上的每一个积木。
5. 告诉学生，在到达跑道终点时按喇叭。
6. 当他们开始在跑道上跑步的时候，教师将会把计时器设定为30秒。
7. 让学生努力在计时器发出响声之前按喇叭。

■ 2.42　骑标准尺寸的自行车

活动主题：骑自行车

能力要求： 走动、视力、听力

兴趣水平： 学前、小学

材料： 自行车

1. 学骑自行车的路面要平坦。
2. 教师示范：双手扶住自行车把手，先把一只脚抬起来蹬在踏板上，另外一只脚放在另外一只踏板上，保持稳定。
3. 鼓励学生在教师的安全监管下自己骑到自行车上。他可以扶住自行车车把从后面或者侧面上车：先把一只脚抬起来蹬在踏板上，然后是另一只脚。如果学生从后面上自行车，他在坐上车座之前应该先站在后缘。
4. 如果学生没有充分建立起平衡，可以先用无踏脚板的平衡车进行平衡练习，平衡能力提高之后进行骑自行车的练习。

■ 2.43　接住从 50 厘米处扔过来的一个小球

活动主题：接球练习

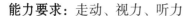

能力要求：走动、视力、听力

兴趣水平：学前、小学

材料：碰碰球

根据需要修改。

1. 让学生首先在坐着的时候接住一个20厘米的球。把球直接瞄准他，以便让他很容易地在大腿位置处接住球。

2. 让学生在站着的时候接球。

3. 让学生接住各种各样的物件，如：碰碰球、沙袋、纱线球等。

4. 把球扔向学生的一侧，从而要求学生具备更高的平衡能力。

■ **2.44　把一个小球扔出 6 米**

活动主题：掷球练习

能力要求：走动、视力、听力

兴趣水平：学前、小学

材料：球

根据需要修改。

1. 让学生扔各种各样的球，不同大小或不同材质的球、会吱吱叫的球或者包含铃铛的球。

2. 让学生扔其他合适的物品，如：沙袋、揉皱的纸、气球。

3. 把球扔进不同的容器中，如：废纸篓、菜锅、水桶或洗衣篮。也可以在节日活动中设计投掷游戏。

4. 不断增加学生和箱子之间的距离，从而使任务变得越来越难。

5. 加大任务难度：把球扔到学生的旁边而不是直接扔到他的前边。让学生从两侧扔球。

■ **2.45　双脚并拢，向前或向后跳跃 1.5 米**

活动主题：双脚跳跃

能力要求：走动、视力

兴趣水平：学前、小学、中学生

材料：垫子、绳子等。

1. 用胶带纸在地板上做出1条间距为1.5米的彩线。

2. 让学生站在第一条线上。

3. 教师在第二条线上引导学生双脚向前跳跃至第一条线并且拿玩具。

4. 学生站在第二条线上。

5. 教师在第一条线上引导学生双脚向后跳跃至第二条线并且拿玩具。

■ 2.46　双脚交替向前跳或向后跳。完成 10 个分腿腾跳。

活动主题：双脚交替跳跃

能力要求：走动、视力

兴趣水平：学前、小学、中学生

材料：绳子

1. 把几根割好的绳子放在地板上，绳子的间距为50厘米，且相互平行。

2. 告诉学生站在前两根绳子之间，跳过第二根绳子，跳到接下来的两根绳子之间……这样可以让学生练习踏跳步。

3. 让学生试一试，他可以用多快的速度从一根绳子跳到另一根绳子。

4. 当学生能够很快地跳过这些绳子后，用粉笔标记出第一根绳子和最后一根绳子的位置。

5. 去掉所有的绳子，让学生在没有绳子的情况下继续踏跳，看他是否跳得更快。

6. 继续下去，直到学生踏跳得足够快，以至于可以自动进入跳跃阶段。

第三章 方向 I

通过区分方位、熟悉环境、触觉线索进行定向训练

行为标识

不能区分方向及其关系

不能辨认人与物体的位置

不能进行定向行走

不熟悉生活环境

不能通过触觉线索确定方向

■3.01   指出东、西、南、北

活动主题：区分方向

能力要求：走动、视力、听力、动手能力

兴趣水平：小学、中学生

材料：指南针、水彩笔、剪刀、纸、标签纸

1. 在房间里确立东、西、南、北。

2. 使用指南针或带有标签的墙壁。

3. 给学生看世界地图，建立方向概念。

4. 让学生们站着。

5. 告诉学生们他们将要"环游世界"。

6. 为学生示范：唱《方向歌》并面向每个方向。

7. 拿走指南针和标签。

8. 让学生们自己"环游世界"。

9. 让学生站在中央，这样他就可以在这个位置上凭触觉探索每一堵墙。

■3.02   向彼此示范四个方向的关系

活动主题：区分方向关系

能力要求：走动、听力、动手能力

兴趣水平：小学、中学生、青少年

材料：呼啦圈、从纸上剪下来的字母图案、胶带

1. 把4个主要方向的标签贴在呼啦圈上：把剪出的字"东、南、西、北"贴在呼啦圈边缘的适当位置上。

2. 把盲文标签也贴在适当位置上。

3. 把呼啦圈放在地板上，让它与正确的方向保持一致。

4. 让学生站在呼啦圈中央并识别方向。

5. 让学生转90度、180度、270度和360度，并识别每个方向。

6. 让学生从呼啦圈中沿着一个方向识别地标和方向。

■3.03　利用太阳来确定自己所在的方向和旅行的方向

活动主题：区分方向

能力要求： 视力

兴趣水平： 小学

材料： 黄色标签纸、表

1. 用标签纸剪出一个黄色的大太阳。

2. 在房间里标记出东、南、西、北。

3. 说明规律：太阳东升西落。

4. 讨论一些术语的意义。

5. 拿出大太阳。

6. 让学生环视房间并告诉老师太阳应该从哪里升起。

7. 用同样的方法让学生说出太阳落下去的方向。

8. 每天都"表演"日出和日落。

9. 把学生带到外面。

10. 让学生找出太阳的位置并说出方向。

11. 加大难度：介绍南和北，并解释这些方向的位置关系。

■3.04　找出东北、西北、东南、西南

活动主题：区分方向

能力要求： 走动、视力、动手能力

兴趣水平： 小学、中学生、青少年、成年人

材料： 2个60cm×60cm纸板、胶水、2根60cm的绳子

1. 制作十字路口模型：用胶水把4个15cm×15cm的正方形纸板分别粘贴在一个60cm×60cm纸板的每个角上。

2. 让学生在十字路口模型上确定方向，解释说："北"离他最远。

3. "东"在他的右边。

4. "西"在他的左边。他正坐在十字路口的南边。

5. 用胶水把一根粗线竖着粘贴在中间，把十字路口模型竖着分成两半。

6. 解释说：左边的一半是"西"，右边的一半是"东"。

7. 用胶水把一根粗线横着粘贴在中间，把十字路口模型横着分成两半。

8. 解释说：上边的一半是"北"，下边的一半是"南"。

9. 让学生找出既在北边又靠西边的角落。

10. 解释说：这是西北角。

11. 用同样的方法继续确定其他的角落。

12. 定期对学生进行小测验。

13. 如果学生出了错，重新为他解释方向概念，并让他再试一遍。

■3.05　确定一个物体或人是否在自己的北边、南边、东边或西边

活动主题：区分方向

能力要求： 视力、语言

兴趣水平： 小学、中学生、青少年、成年人

材料： 熟悉的地标

1. 把学生带到一个安静的地方，这里有学生所熟悉的地标。

2. 解释和绝对方向相反的相对方向的概念。

3. 使用下列方式来证明学生和空间内任意一点的关系：它在哪里？前边、后边、左边或者右边。它在什么方向？北边、南边、东边或者西边。这个物体在我的什么方向上？北边、南边、东边或者西边。我在这个物体的什么方向上？北边、南边、东边或者西边。

4. 告诉学生地标在哪里。

5. 让学生回答上述问题，在回答中描述他自己和这个物体的相对位置。（也可以让其他同学代替这个物体来开展活动）

6. 鼓励学生在回答之前认真思考。

7. 不要让他猜。

■3.06　在转动身体后，确定自己面对的是哪个方向

活动主题：区分方向

能力要求： 走动、视力、听力、语言

兴趣水平： 小学、中学生

材料：纸、笔

1. 把全班分成两队。

2. 在教室里把东、南、西、北四个方向标示箭头贴在地面辅助。

3. 告诉一个学生他面对的是哪个方向。

4. 让学生向右或者向左转90度。

5. 询问学生他现在面对的是哪个方向。

6. 如果学生回答正确，对他所在的小队奖励1分。

7. 如果学生回答错误，告诉他正确答案并让另一个小队回答问题。（慢慢撤掉方向箭头）

8. 增大难度：让学生转180度和360度。

■3.07　在转了两圈后，确定自己面对的是哪个方向

活动主题：区分方向

能力要求：走动、听力、语言、动手能力

兴趣水平：小学、中学生、青少年

材料：大箱子、带子、4把椅子、质感材料

1. 把一个大纸箱子剪到学生腰部的高度，然后用胶水把天鹅绒带子粘在箱子一侧的顶端。

2. 让学生进入箱子里，必要时提供帮助。

3. 让学生面向有带子的那一侧站在箱子里。

4. 告诉学生他正在面向北方。

5. 让学生向左转或者向右转，然后停下来，询问学生他现在面对的是哪个方向。

6. 如果有必要，利用箱子上带有带子的一侧，让学生重新确定方向。

7. 加大难度：先让学生转几次，然后让他说出他面对的是哪个方向。

■3.08　描述路标的含义

活动主题：理解路标

能力要求：视力、听力、动手能力

兴趣水平：学前、小学、中学生

材料： 标签纸、颜料、刷子、剪刀

1. 用标签纸制作几个路标。

2. 把这些路标展示给学生们。

3. 讨论路标的含义。

4. 选一个学生把路标举到他自己前面。

5. 让其他学生排队。

6. 告诉学生们朝着路标走过去。

7. 让举着路标的学生表演出这个路标的含义。

8. 让其他学生对这个学生的示范动作做出回应。

9. 让举着路标的学生选择另一个学生举路标并且把路标的含义表演出来。

■ 3.09　用自己的身体作为参照点，指出物体的位置

活动主题：区分位置

能力要求： 走动、听力、动手能力

兴趣水平： 小学、中学生、青少年、成年人

材料： 小物件、粗线、绳子、环、钉子

1. 收集大小和质地不同的几个物品。

2. 把绳子的两头拴在房间的两个角落上，把每个物品都挂在上面。

3. 在物品之间留出80厘米的间距。确保这些物品距离地面的高度不同。

4. 引导学生探索每个物品。

5. 按照需求介绍这些物品。

6. 说出一个物品，让学生移动它。

7. 让学生站在这个物品的旁边、后面，或者两个物品的中间。

8. 玩一个角色交换的游戏。让学生告诉教师站在什么位置，并检查教师的位置是否正确。

9. 如果学生说错，教师就会抓住他。

■ 3.10　用别人的身体或另一个物件作为参照点，指出物体的位置

活动主题：区分位置

能力要求：听力、语言

兴趣水平：小学、中学生、青少年、成年人

材料：带有走廊的大厅、小物件

1. 把学生带到一个建筑物里，这里有安静的大厅和与大厅相连的走廊。

2. 把一个物品交给学生。

3. 让学生把这个物品放在和自己相关的各种位置上。

4. 如果学生有困难，复习"相对方向"的方向性和概念。

5. 让学生站在走廊旁边。

6. 告诉学生一个基本方向。

7. 让学生告诉教师走廊的方向以及他在走廊的哪一边。

8. 让学生和走廊平行站立，然后垂直于走廊站立。

■3.11　指出自己身体的、别人身体的或一个物件的左边和右边

活动主题：区分方位

能力要求：听力、语言、动手能力

兴趣水平：小学、中学生、青少年

材料：洋娃娃、两根纱线

1. 复习学生的左侧和右侧。

2. 把洋娃娃放在学生前边，和学生面向同一个方向。

3. 让学生识别洋娃娃的左侧和右侧。

4. 让学生选择在他的哪一只手腕上系纱线。

5. 把纱线系在学生的手腕上，让学生把纱线系在洋娃娃的相应的手腕上。

6. 让学生注意到他和洋娃娃面对的是同一个方向，纱线的位置也是相同的。

7. 让学生把洋娃娃转向面对着他的位置。

8. 让学生找到洋娃娃"戴手镯的"手腕。

9. 讨论为什么洋娃娃的纱线现在系在了相反的一边。

10.让学生指出洋娃娃的左右腿、左右胳膊和左右肩，以此来加以强化。

11.玩一个游戏，在游戏中，教师和学生轮流告诉对方要触摸左边或右边的某个身体部位。

12.确保学生明白他必须正确遵从教师的指示，并且在教师犯了错的时候指出来。

13.提示学生：视角可以改变，但是每个人的右侧和左侧保持不变。

■3.12　确定一个物件或人是否在自己的左边或右边

活动主题：区分方位

能力要求：走动、听力、语言、动手能力

兴趣水平：小学、中学生、青少年

材料：3个不同的玩具

1. 为学生准备3个不同的玩具。

2. 引导完全失明的学生触摸、分辨不同的玩具并且说出名称。

3. 与学生做游戏：让学生分辨自己的左右手。

4. 将3个玩具分别放在学生的左边、右边和中间。

5. 提示学生伸出右手，向右边伸展，触摸到的物品就是在身体的右边。

6. 提示学生伸出左手，向左边伸展，触摸到的物品就是在身体的左边。

7. 通过反复变化玩具位置让学生判断，提高学生的辨别方向能力。

■3.13　把右手伸到正确的位置去和视力正常的人及盲人握手

活动主题：区分方位

能力要求：听力、动手能力

兴趣水平：中学生、青少年、成年人

1. 让失明的学生安静地站着，双手放在身侧。

2. 让学生把肘部弯向一侧，把右前臂抬到腰部，手指伸开，拇指指向天花板。

3. 然后让肘部从侧位离开，把胳膊向外展开。

4. 让学生重复几次，直到把这两个步骤结合成单个动作。

5. 对正确的动作通过握手给予表扬。

6. 对不正确的动作在胳膊高度和手指位置等方面进行指点。

7. 让学生在听到口头提示的时候转向教师，并伸出他的手来和教师握手。

8. 告诉学生如果握手动作没有立即得到回应，他应该在几秒钟内放下手并继续谈话。

9. 提醒学生如果他所遇到的人也是盲人，第一个使用右臂的人就要把它横过来，从而让他的右手位于左髋骨的前边。让学生把手伸向前边和右边，这样他的前臂和第二个人的前臂就可以相互接触。有了接触，才能完成握手动作。

■3.14　听从指令，多次进行左转弯和右转弯

活动主题：区分方位

能力要求：走动、听力、动手能力

兴趣水平：小学、中学生、青少年、成年人

材料：手机、导航

1. 准备带有导航的智能手机

2. 告诉学生，教师将要给他们一些指示，他们根据这些指示就可以到达最后的目的地。

3. 指示中包含几个左转弯和右转弯。

4. 为年幼的学生设置寻宝游戏。

5. 把指令复习几遍，直到学生完全理解。

6. 沿路监督学生的进展。

7. 偶尔问一问学生选择转弯的原因。

8. 如果学生做得对，在终点放上小的奖品。

■3.15　沿直线行走并沿原路返回到起始位置

活动主题：定向训练

能力要求：走动、听力、动手能力

兴趣水平：小学、中学生、青少年

材料：4张桌子或课桌、4个箱子、5到10封信

1. 把4张桌子或课桌摆放成城市网格的形状。

2. 在"1"点把装有信件的盒子放在桌子上。

3. 在"2，3"和"4"点放置空盒子。

4. 设立东、南、西、北（如图）。

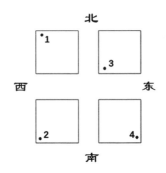

5. 让学生确定桌子和盒子的方向。

6. 让一个学生面向南方站在"1"点上，这里将会是邮局。

7. 根据教师的口头和书面指令，这个学生将会充当邮递员和递送信件。

8. 让学生一直走到下一个城市的尽头，把信件递交到"2"点，然后沿原路返回到"1"点。

9. 重复类似的路线，直到成功。

10. 让学生向前径直走过一排街区，向左转弯，走过一排街区，横过一条街，到达"3"点；递送信件并沿原路返回到"1"点。重复类似的路线，直到成功。

11. 让学生向前径直走过一排街区，向左转弯，走过一排街区，横过一条街，再走过一排街区，向右转弯，横过一条街，走过一排街区到达"4"点，递送信件并沿原路返回到"1"点。

12. 重复类似的路线，直到成功。

■ 3.16　在行走并沿原路返回的时候向左转或向右转

活动主题：定向训练

能力要求：走动、听力、动手能力

兴趣水平：小学、中学生、青少年

材料：4张桌子或课桌、4个箱子、5到10封信

1. 把4张桌子或课桌摆放成城市网格的形状。

2. 在"1"点把装有信件的盒子放在桌子上。

3. 在"2，3"和"4"点放置空盒子。

4. 设立东、南、西、北（如图）。

5. 让学生确定桌子和盒子的方向。

6. 让一个学生面向南方站在"1"点上，这里将会是邮局。

7. 根据教师的口头和书面指令，这个学生将会充当邮递员和递送信件。

8. 让学生一直走到下一个城市的尽头，把信件递交到"2"点，然后沿原路返回到"1"点。

9. 重复类似的路线，直到成功。

10. 让学生向前径直走过一排街区，向左转弯，走过一排街区，横过一条街，到达"3"点；递送信件并沿原路返回到"1"点。重复类似的路线，直到成功。

11. 让学生向前径直走过一排街区，向左转弯，走过一排街区，横过一条街，再走过一排街区，向右转弯，横过一条街，走过一排街区到达"4"点，递送信件并沿原路返回到"1"点。

12. 重复类似的路线，直到成功。

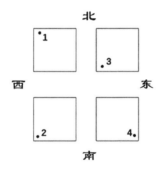

■3.17　在行走并沿原路返回的时候转两次弯

活动主题：定向训练

能力要求：走动、听力、动手能力

兴趣水平：小学、中学生、青少年

材料：4张桌子或课桌、4个箱子、5到10个封信

1. 把4张桌子或课桌摆放成城市网格的形状。

2. 在"1"点把装有信件的盒子放在桌子上。

3. 在"2，3"和"4"点放置空盒子。

4. 设立东、西、南、北（如图）。

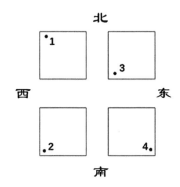

5. 让学生确定桌子和盒子的方向。

6. 让一个学生面向南方站在"1"点上，这里将会是邮局。

7. 根据教师的口头和书面指令，这个学生将会充当邮递员和递送信件。

8. 让学生一直走到下一个城市的尽头，把信件递交到"2"点，然后沿原路返回到"1"点。

9. 重复类似的路线，直到成功。

10.让学生向前径直走过一排街区，向左转弯，走过一排街区，横过一条街到达"3"点；递送信件并沿原路返回到"1"点。

11.让学生向前径直走过一排街区，向左转弯，走过一排街区，横过一条街，再走过一排街区，向右转弯，横过一条街，走过一排街区到达"4"点，递送信件并沿原路返回到"1"点。

12.重复类似的路线，直到成功。

■3.18　在行走并沿原路返回的时候转两个以上的弯

活动主题：定向训练

能力要求：走动、听力、动手能力

兴趣水平：小学、中学生、青少年

材料：纸板或矩形木头、胶带或大头钉

1. 用简单的矩形作为城市网格的模型。

2. 告诉学生，教师想让他绕着社区街道走。

3. 帮助学生用胶带或大头钉把矩形街道上的起点和标志相互匹配。

4. 凭触觉复习矩形模型上的这条路线，确保学生注意到了各种需要关注的地方并记住了在哪里转弯。

5. 要求学生在矩形上重走一遍路线。

6. 把矩形拿到街道旁边，用大头钉标出学生的位置。

7. 让学生重复教师和他所计划的旅行。

8. 根据需要提供帮助。

■ 3.19　根据记忆说明熟悉的房间内的门或窗的位置

活动主题：熟悉生活环境

能力要求：视力、听力、语言

兴趣水平：小学

1. 告诉学生们他们将要玩记忆游戏。

2. 让学生坐在桌子旁边。

3. 选择一个学生。

4. 把他带到另一个熟悉的房间。

5. 告诉他仔细环视观察房间。

6. 当学生感觉到他已经知道房间里所有东西的位置时，让他告知教师。

7. 回到第一个房间。

8. 让他和其他学生一起坐在桌子上。

9. 让其他学生就他所观察过的房间询问他一些问题。

10. 让他回答问题，直到其他学生问完了问题或者他回答错误。

11. 让他选择另一个学生到另外一个房间去观察。

12. 重复提问。

■ 3.20　从一个熟悉的房间内的不同位置来描述这个房间

活动主题：熟悉生活环境

能力要求：语言、动手能力

兴趣水平：小学、中学生、青少年

材料：玩具屋的家具、洋娃娃

1. 建立一个玩具屋来代表学生所熟悉的房间。

2. 讨论当一个人站在房间内的不同位置时，家具、门和窗户的位置看起来有多么不同；这就是人动而房间不动时的情形。

3. 把洋娃娃放在房间模型里的不同地方。

4. 让学生进行触觉探索，并立即描述洋娃娃的前边、后边、左边和右边是什么，洋娃娃的远处有什么。

5. 走到真正的房间，让学生站在房间里的不同位置上，并让他描述洋娃娃的前边、后边、左边和右边是什么，洋娃娃的远处有什么。

6. 把房间模型和洋娃娃带进真正的房间。

7. 让学生把洋娃娃放在房间模型里的某个位置上。

8. 让学生在真正的房间里也采用同样的位置。

■3.21　通过触觉线索识别室内地板的质地和材料

活动主题：触觉定向
能力要求：走动
兴趣水平：学前、小学、中学生
材料：用不同质地的地板材料在地板上做成"游戏板"，如：木头、瓷砖、地毯等，方向卡

1. 用不同材质的正方形在地板上拼成一个"游戏板"路径（如图所示）。

木头	地毯	瓷砖	地毯	瓷砖
				木头
				等

2. 制作指示卡告诉玩游戏的人移动多远，如："移动到下一个木块"或"移动到下一块瓷砖"。

3. 让学生抽出最上面的卡片，并按照卡片上的指示来做。

4. 学生将要穿着鞋来确定材质。

5. 如果学生停在了错误的位置上，解释错误原因并纠正错误。

6. 让学生回到以前的位置上，下次轮到他的时候再次要求他做同样的动作。

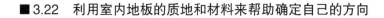

■ 3.22　利用室内地板的质地和材料来帮助确定自己的方向

活动主题：触觉定向

能力要求：走动、听力、语言

兴趣水平：学前、小学、中学生、青少年、成年人

材料：带有各种地板材质的室内环境

1. 在上课之前找出学生楼房内哪些地方可以得到各种材质。

2. 告诉学生这堂课的目的。

3. 提前到达选好的地点，看一看学生是否能辨认出材质的变化。

4. 解释这些材质怎样在旅游中当作线索。

5. 鼓励个人观察：在下次更短时间内的情况介绍之前，让学生用书面形式列出他在一周内能够注意到的所有的关于地面的线索。

6. 强调这些线索对于安全有效的旅行的重要性，从而鼓励学生了解环境。

■ 3.23　通过触觉线索识别室外地面的质地和材料

活动主题：触觉定向

能力要求：走动、听力、动手能力

兴趣水平：学前、小学、中学生

1. 让学生弯腰、用手触摸脚下的地表。

2. 让学生用手杖尖刮一刮或者用鞋或脚磨一磨。

3. 把学生带到新材质的边缘，并重复上述活动。

4. 让学生解释两种材质的区别。

5. 如果学生有困难，提出建议，帮助他解释物体的表面。

6. 回顾5个物体表面并重新检查错过的物体表面，直到学生能够分辨所有这5种材质的表面。

■ 3.24　利用室外地面的质地和材料来帮助确定自己的方向

活动主题：触觉定向

能力要求：走动、听力、语言、动手能力

兴趣水平： 小学、中学生、青少年、成年人

材料： 带有各种地面材质的室外环境

1. 在学生附近找出各种材质的变化。

2. 讨论怎样利用不同的地面材质。

3. 举出很多例子，如：平坦的人行道上的水泥、特征显著的轮椅坡道、夯实的土路、路边的软土、柏油马路。

4. 走过很多实例，确保学生用脚或手杖了解这些材质的区别。

5. 强调了解和辨认材质的变化对于安全、理解和便利方面的价值。

■3.25 描述街道、人行道、人行横道的布局

活动主题：熟悉道路交通

能力要求： 走动、听力、语言、动手能力

兴趣水平： 小学、中学生、青少年、成年人

材料： 20cm×25cm厚纸板、4个7cm×12cm软木片、胶水、图钉、橡皮筋、4张桌子、颜料、接触胶合剂

1. 制作十字路口模型：把一个板子涂上鲜艳的颜色，并且在板子上粘贴4块软木来代表城市街区。

2. 在软木的边缘涂上一圈白胶，以防剥落。

3. 复习相交线的概念。

4. 告诉学生"十字路口"也可以看作是两条或两条以上街道的相交或交叉。

5. 绝大多数十字路口是规则的直角，但也有例外。

6. 用4张桌子拼成十字路口，沿着"街道"行走并穿过"十字路口"。

7. 使用模型地图进行展示，解释说软木代表4排街区、凹陷处代表2条街道。

8. 把学生带到规则的十字路口。

9. 把图钉按在师生两人出发时所在的十字路口，在图上向学生展示两人从哪里开始，当两人横过第一条街道的时候将要到哪里去。

10. 横过街道，把第二个图钉按在地图上表明两人所在的新位置。

11. 把一根橡皮筋套在这两个图钉上，以此表明师生所走过的路线。

12. 继续走过十字路口周围的街道，并且在行走的过程中用手按图钉和套橡皮筋。

13. 一回到第一个拐角处，就把最后一根橡皮筋套上，并指出套在橡皮筋里面的正方形就是十字路口。教师还可以把最后一根橡皮筋套在两条街道交会的地方。

14. 向学生展示他刚刚绕着那个正方形或十字路口走了一圈。

15. 在随后的课程中，继续在围绕十字路口行走时指出两人正在两次横过每条街道。

第四章 方向 II

通过环境辨认及嗅觉、听觉进行定向训练

不能根据环境辨认位置

旅行中不能估算距离、时间和速度

不能通过嗅觉、听觉辨认物体、环境和声音

不能在公共交通工具内部确认自己的方向

■4.01　用数字 0、1、2、3、4、5、6、7、8、9 来描述建筑物或十字路口

活动主题：环境辨认

能力要求：听力、动手能力

兴趣水平：学前、小学

材料：轻型纸板、剪刀、胶水

1. 准备20张25cm×30cm的轻型纸板或广告纸板。

2. 剪出印刷体数字"0、1、2、3、4、5、6、7、8、9"，保留这些数字和剪数字时所用的背景模板。

3. 把一张完整的纸板用胶水粘在所剪好的数字背面。

4. 让学生识别数字。

5. 如果学生回答错误，告诉他这个数字是什么。

6. 让学生找到和这个数字相对应的模版。

7. 逐渐增加所用的模版。

8. 把模版交给学生，让他找到相应的数字。

■4.02　描述城市网格布局，显示街道或街区的编号

活动主题：环境辨认

能力要求：走动、视力、动手能力

兴趣水平：小学生、中学生

材料：纸板、胶水、涂料、纸、剪刀

1. 带着学生围绕学校所在的街区行走，注意街道名称、房子编号、建筑物的类型和不同寻常的特征。

2. 让每个学生选择他所喜欢的一栋或几栋建筑物。

3. 画出一张大型街区地图，并在回到教室后加上街道的名称。

4. 建造简单的正方形建筑物，并把它们放在地图中正确的位置上。

5. 帮助学生装饰这些建筑物并增加可识别的特征。

6. 把加工完毕的建筑物粘在地图上。

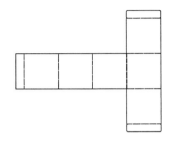

7. 确定街道的走向并增加指南针。

8. 为每个学生建议一个可能的目的地，比如：荷花公园。

9. 让学生加上街道和街区的编号。

10.沿着街区走几步，检查建筑物的位置是否准确。

11.可以让学生向"参观者"介绍地图上主要建筑或街道的位置。

■ 4.03　用指南针作为最初的参考，说出十字路口处拐角的名字

活动主题：环境辨认

能力要求：走动、听力、语言

兴趣水平：小学、中学生、青少年、成年人

1. 带学生到拐角处，让他指出街道的位置。

2. 询问他面对的是哪个方向。如果他不知道就告诉他。

3. 提醒学生多数十字路口有4个拐角，解释能够识别具体的拐角有哪些好处。

4. 在说出拐角的方位名称时，仔细地解释：根据我们相对于街道的位置，方向关系会发生怎样的逆转；这和事物相对于我们的位置截然相反。

5. 让学生试着辨别他在哪个角落上。如果错了，教师进行纠正。

6. 横过一条街道，重复练习。

7. 继续下去，直到学生能够正确识别每个新的拐角，或者直到学生疲劳需要休息。

8. 注意：需要大量练习这一概念，这样学生才能充分理解和运用它。因为这其中涉及对学生所习惯的方向关系的逆转。

■4.04 利用街区编号和偶数 – 奇数的排列顺序，指出某一指定建筑的位置

活动主题：环境辨认

能力要求：走动、听力、语言

兴趣水平：中学生、青少年、成年人

1. 告诉学生所在的城市是怎样建立地址编号系统的。

2. 把学生带到建筑物前面，告诉他，他所面对的地址和方向。

3. 把位于同一排街区的另一个地址告诉学生，让他去那里和教师见面。

4. 询问学生，他将要走向哪个方向。

5. 为了避免学生是猜测的，要让他讲清楚选择方向的依据。

6. 提醒学生，当他在某街区找到了大致位置时，他可以向过路人寻求帮助，从而找到某一建筑物的确切地址。

■4.05 在旅行时准确地估计测量单位

活动主题：距离辨认

能力要求：走动、听力、语言、动手能力

兴趣水平：小学、中学生、青少年、成年人

材料：遮蔽胶带、盲文直尺、卷尺、皮尺、大而开阔的地方

1. 仔细观察直尺、卷尺、皮尺，并用它们来测量熟悉的东西，如学生的课桌，从而让学生熟悉基本的小型测量工具。

2. 让学生既获得乐趣，又了解到这些测量工具的实用性。

3. 用胶条标记出房间的长度，单位是厘米。

4. 让学生的脚趾靠近第一个胶条标记物，并且迈出两步。

5. 用胶带标记出学生落脚的地方。

6. 让学生根据胶带标记算一算他走过了多少距离。

7. 一定要指出学生每一步或者每两步的平均距离，从而帮助他快速建立距离感。还要为他提供必要的信息，让他快速做出粗略估计。

8. 用几天的时间来练习步测熟悉的和不熟悉的房间，直到学生连续做出准确的估计。

9. 把信息和技能用于户外旅行。

■ 4.06 在旅行时准确地估计距离

活动主题：距离辨认

能力要求： 走动、听力、语言

兴趣水平： 小学、中学生、青少年、成年人

材料： 大型物体

1. 确保学生了解测量的概念。

2. 选择两个很少用到的走廊。

3. 把两到三个大型物体放置在走廊里，让物体之间有着不同的间隔。

4. 让学生沿着走廊走向第一个物体。

5. 让学生告诉教师，他走了多少步、多少米

6. 如果学生有困难，帮助他数一数他的步子。

7. 让学生继续沿着走廊走，并让他告诉教师，从第一个物体到第二个物体有多远。

8. 加大难度：比较物体之间的距离，并分别说出从起点到两个物体之间的距离。

■ 4.07 准确估计时间

活动主题：时间辨认

能力要求： 听力、语言、动手能力

兴趣水平： 学前、小学、中学生

材料： 纸、笔、秒表

1. 准备秒表。

2. 让所有的学生站起来或者举起手来。

3. 告诉学生们，教师将要开始计时，并且说"开始"。

4. 让学生们估计时间，当他们认为到30秒的时候，坐下去或者把手放下去。

5. 继续以秒为单位数时间，如100秒、200秒等，帮助学生估计时间。

6. 开始计时。

7. 重复几次，直到学生能够准确地估计这段时间。

8. 逐渐增加时间长度。

9. 在进展到1至2分钟的时候，为每个学生布置一个简单的任务，并让他们估

计一下完成这个任务将花费多少时间。

10. 记录估计的时间和完成任务的实际时间，在接下来的课程中寻求进步。

▪ 4.08　在旅行中准确估计速度

活动主题：时间辨认

能力要求： 走动、听力、动手能力

兴趣水平： 小学、中学生、青少年、成年人

1. 把学生带到熟悉的地标前。
2. 确保学生知道他在哪里。
3. 走到学生知道的另一个地标前。
4. 教师使用正常步速。
5. 让学生估计走到这个地标所需要的时间。
6. 把学生估计的时间同实际时间相比较。
7. 告诉学生，教师将会用不同的速度回到最初的那个地标。
8. 在途中询问学生，教师是否走得更快或者更慢了，这将会对行走时间带来怎样的影响。
9. 提问学生，教师应该放慢还是加快速度才能让往返的时间一样长。
10. 听从学生的建议，把返回的时间和第一次的时间做比较。
11. 对学生的专注和努力进行鼓励。

▪ 4.09　利用来自熟悉场所的气味来确定自己的方向

活动主题：嗅觉训练

能力要求： 走动

兴趣水平： 学前、小学、中学生、青少年、成年人

材料： 容器、发出味道的物体（洗衣皂、肯德基，等等）

1. 把不同的有气味的物体放进一些容器里。
2. 让学生识别这些气味。
3. 讨论人们可以怎样把气味当作地标，从而找到某个特定场所。
4. 把学生带到自助洗衣店或肯德基店。

5. 让学生体验味道。

6. 把学生带离当前的场所。

7. 让学生利用嗅觉重新找到某个特定的店铺。

■4.10 通过声音辨认熟悉的人

活动主题：听觉训练

能力要求：听力、语言

兴趣水平：小学、中学生

材料：眼罩

1. 选出4个学生作为一组，用眼罩蒙住他们的眼睛。

2. 把另外一个学生作为神秘的客人介绍给这组学生，让他们辨认这个学生的性别。

3. 让这组学生轮流向神秘的客人问一个问题。

4. 告诉学生们这个神秘的客人不可以伪装声音，但可以不如实回答问题。

5. 让这组学生中的一个试着辨认出神秘的客人。

6. 如果这个学生说错了，把机会让给小组中的另一个学生。

7. 继续下去，直到小组中有一个成员正确识别出这个神秘的客人。

■4.11 通过动物所发出的声音辨认动物

活动主题：听觉训练

能力要求：视力、听力、语言

兴趣水平：学前、小学

材料：手机、动物玩具、动物照片

1. 用手机下载各种动物的声音。

2. 每个声音之间暂停一下。

3. 准备下载声音中所涉及的动物照片或小玩具。

4. 告诉学生们，他们将要去一个神奇动物园，里面的动物们是看不见的，除非他们知道可以看见这些动物的魔术。

5. 提示学生：当他们听到动物的声音，能说出这个动物的名字时，就举起他们的手。

6. 开始播放声音。

7. 询问一个学生他听到了什么声音。

8. 如果学生说对了，把相应的动物玩具举起来。

9. 如果学生说错了，继续让动物"隐身"。

10. 可以让回答正确的学生按下手机的"播放"键，并选择下一个学生来猜测动物。

■4.12　通过交通工具的声音辨认旅行方式

活动主题：听觉训练

能力要求：听力、语言

兴趣水平：小学生、中学生、青少年、成年人

材料：手机

1. 准备两份交通工具的声音。

2. 让学生听第一份交通工具声音。

3. 提前告诉学生他将要听到的每一种声音。

4. 允许学生重复播放声音。

5. 后退声音，让学生在每个声音被播放之后进行识别。

6. 纠正错误的回答。

7. 如有必要就重复播放。

8. 播放第二份声音，让学生辨别随机呈现的声音。

■4.13　通过乐器发出的声音辨认乐器

活动主题：听觉训练

能力要求：听力、语言、动手能力

兴趣水平：小学、中学生

材料：乐器、音乐

1. 让学生播放乐器的手机录音。

2. 提前告诉学生他将会听到的每一种乐器。

3. 允许学生重复播放手机。

4. 再次播放手机，并且让学生辨别所播放的每一种乐器。

5. 奖励学生的正确回答：允许学生触摸并体验他所识别出的乐器。

6. 加大难度：播放由一种以上的乐器演奏的音乐。

7. 让学生辨认所有的乐器。

■4.14　分辨信号

活动主题：听觉训练

能力要求：听力、语言

兴趣水平：学前、小学、中学生

材料：铃、口哨、蜂鸣器、音乐盒

1. 把铃、蜂鸣器、口哨和音乐盒放在桌子上，让学生们看和摸。

2. 示范每一种声音并讨论它们的区别。

3. 用眼罩遮住有视力的学生们的眼睛。

4. 按铃。

5. 询问谁能识别响声是什么发出的。

6. 让回答正确的学生发出下一种声音。

7. 让回答错误的学生再试一遍。

8. 继续下去，直到每个学生都有机会。

■4.15　辨别机械的声响

活动主题：听觉训练

能力要求：走动、听力、语言、动手能力

兴趣水平：小学、中学生、青少年、成年人

材料：手机

1. 用手机录制各种机械的声响。

2. 在声响之间留出几秒钟的空白。

3. 讨论什么是机械的声响。

4. 播放手机，让学生辨认每一种声响。

5. 注意他辨认对了哪些声响，辨认错了哪些声响。

6. 对于学生辨认错了的声响，尽量找到发出这种声响的真正的机械。

7. 让一个学生把各种声响录下来并挑战另一个学生。

■ 4.16　辨别其他环境的声音

活动主题：听觉训练

能力要求：听力、语言

兴趣水平：小学、中学生、青少年

材料：手机

1. 用手机录制20到30种常见的声音。

2. 告诉学生们，教师将要播放5到10种声音，然后将要停下来让他们辨认每一种声音。

3. 把这些声音播放一遍。

4. 回放同样的声音，在每一种声音后停顿一下。

5. 让学生在听完每一种声音后说出这种声音的名字。

6. 如果学生在识别时有困难，用动作为他示范手机上的声音是怎样发出的。

7. 把手机录音播放完一次后，挑战学生，让他们说出手机上所有声音的名字。

8. 从一种声音过渡到多种声音。

■ 4.17　在中等强度下，辨别前面的所有声音

活动主题：听觉训练

能力要求：听力、语言

兴趣水平：小学、中学生、青少年、成年人

材料：手机

1. 用手机录制各种商店、摊点周围的声音。

2. 告诉学生：如果他是个好侦探，每一种声音背后的秘密都可以根据线索进行破解。

3. 让学生听手机。

4. 让学生说出在哪一种商店、摊点的附近会听到这种声音。

5. 通过集思广益，让大家说出在这种声音中可能注意到的其他线索。

6. 把学生带到根据手机所辨别出的各种地点，并且回顾一下教师所列举的所有线索。

■4.18 在低强度下，辨别前面的所有声音

活动主题：听觉训练

能力要求：听力、语言

兴趣水平：学前、小学、中学生

材料：手机

1. 让学生想出他们能在教室利用任何东西发出的不同声响，如粉笔在黑板上写字等。

2. 让单个学生或一组学生示范他们所发出的声音。与此同时，老师可以把这些声音录下来。

3. 用适当的音量回放手机。

4. 让学生识别并复制声音。

5. 用较低的音量回放手机，并利用"快进"和"后退"来改变声音的播放顺序。

6. 让学生识别这些声音。

7. 重新录制一些意想不到的声音。

■4.19 指出前面所有声音传来的方向

活动主题：听觉训练

能力要求：听力、动手能力

兴趣水平：学前、小学、中学生

材料：盒子或罐头盒、图画纸、干豆子、胶带、拨浪鼓或有节奏的器具

1. 准备有节奏的器具或者通过把几粒干豆子放进盒子或罐头盒里发出响声。

2. 用纸或胶带把开口处封好。

3. 让学生待在房间的中央或者大型封闭区域的中央。

4. 让学生低下头或者蒙上眼。

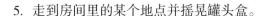

5. 走到房间里的某个地点并摇晃罐头盒。

6. 让学生继续蒙着眼并指出声音在哪里。

7. 让学生睁开眼，看一看他们是否说对了。

8. 让学生轮流摇晃罐头盒，每次都要在不同的位置。

9. 简化活动过程：可以让学生戴着眼罩坐直，判断更简单的声音位置。

■4.20　利用听觉线索帮助找到物体掉落的位置

活动主题： 听觉训练

能力要求： 走动、听力、动手能力

兴趣水平： 小学、中学生、青少年、成年人

材料： 任何小的、硬的、有价值的、适合年龄组的物件

1. 选择一个地板上没有铺地毯的、又大又空的房间。

2. 告诉学生，教师将要把一个物体掉落在他的附近，他应该仔细听物体发出的声音。

3. 让学生转向物体掉落时发出声音的位置，走过去，找到刚才掉落的物体，然后弯腰直背去捡它。

4. 让学生转着圈到前边、左边和右边去找物体。

5. 当学生找到这个物体的时候，可以让学生留着它。

6. 如果学生找得不对，重复练习。

■4.21　确定声音是动态的还是静止的

活动主题： 听觉训练

能力要求： 走动、听力、动手能力

兴趣水平： 学前、小学、中学生、青少年、成年人

材料： 手机、鼓、提前下载或者录好的声音

1. 用手机录制汽车空转、汽车在远处发出较大的声音、然后声音消退，以及其他汽车的声音。

2. 讨论判断动态声音的多种方法。

3. 播放汽车的声音。

4. 让学生判断手机中的汽车是否在移动。

5. 提示学生，教师将要击鼓，学生将要确定鼓声是否在移动。

6. 击鼓并偶尔移动。

7. 让学生移动位置，以便让声音始终在他的前边、后边、左边或者右边。

8. 把学生带到有停车标志和停止信号灯但没有交通管制的十字路口。

9. 让学生说出汽车是否在移动。

10. 教师还可以使用立体声手机和双耳式耳机来制造声音左右移动的效果。

■ 4.22　通过确定声音的路径和自己的关系来追踪移动的声音

活动主题：听觉训练

能力要求：听力、语言

兴趣水平：学前、小学、中学生、青少年、

材料：鼓

1. 让学生坐在房间中央。

2. 告诉学生，想象他正在朝着他自己面对的方向行走。

3. 提示学生，教师将要击鼓，学生将要描述声音相对于他自己在怎样移动。

4. 击鼓，并且用不同的模式围绕学生移动。

5. 把学生带到十字路口上一堂课。

6. 听汽车和人们经过。

7. 让学生描述他们相对于他自己在怎样移动。

■ 4.23　根据听觉线索来确定街道的方向

活动主题：听觉训练

能力要求：走动、听力、语言、动手能力

兴趣水平：小学、中学生、青少年、成年人

1. 把学生带到一个车流量稳定的十字路口。

2. 告诉学生，能够根据车辆的声音确定方向线的重要性。

3. 让学生直接面对街道站立。

4. 告诉学生专心听车辆从他前边直接经过的声音。

5. 扶着学生的肩膀，让他稍稍转身并重新调整他自己。

6. 重复这个动作，直到学生做得很好。

7. 用同样的方法继续听旁边的或并行的车辆。

8. 强调学生应该听与耳朵直接平行的、而不是与脸颊或后脑平行的车辆。后者意味着他转向了或者离开了并行的车辆。

9. 让学生移动位置，并让他再次练习排队。

10.注意这项听力技能的培养需要花费时间和不断练习，否则技能就会失去。

11.让学生牢记这一点。

12.当学生做得不对时，提醒并帮助他。

13.当学生确信他在正确排队时，让他指出对面的拐角。

■4.24   根据车辆移动的声音和方向，在十字路口确定街道的布局

活动主题：听觉训练

能力要求：走动、听力、语言、动手能力

兴趣水平：小学、中学生、青少年、成年人

材料：常规的十字路口地图、事先计划好的开车顺序，汽车模型、图钉、真正的汽车、安静的十字路口

1. 把十字路口地图展示给学生，让他识别方向（如图）。

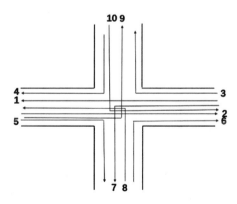

2. 必要时提供帮助。

3. 给学生看玩具汽车。

4. 如果必要的话，在课前让学生玩一会儿玩具汽车。

5. 看学生能否用一辆玩具汽车在地图上展示汽车应该在街道的哪一侧行驶。

6. 如果必要的话，从司机的角度解释汽车在街道右侧行驶。

7. 看学生在街道上行走时是否一直靠右行驶，从而避免迎头撞上的汽车。

8. 解释右转弯的概念。

9. 解释说：在司机看来，拐弯处都是在右边。

10. 注意汽车转弯时如何保持在同一排街区旁边。

11. 解释左转弯的概念。

12. 看学生能否顺利地左转弯并保持靠右行驶。

13. 解释并示范为什么有时候左转弯的人会因为没有先行权而挡住后边的车辆。

14. 充当交通警察并告诉学生把汽车开到哪里，从而让学生展示交通观念，如靠右行驶、右转和左转。

15. 鼓励专心驾驶：发给学生安全司机奖。

■ 4.25 根据车辆移动的声音和方向，确定红绿灯的颜色

活动主题：感觉训练

能力要求： 走动、听力、语言、动手能力

兴趣水平： 小学、中学生、青少年、成年人

材料： 带有红绿灯的十字路口、汽车模型、常规的十字路口模型图

1. 复习交通移动模式。

2. 讨论交通指示灯的颜色、意思和顺序。

3. 使用模型地图和汽车模型来演示，并让学生演示：根据街灯的状态判断，哪个街道上的车辆应该在移动。

4. 把学生带到用红绿灯控制的十字路口。

5. 让学生根据他所听到的车辆的声音来告诉教师哪个街道上有绿灯。

6. 接下来专心听红灯变绿灯时车流量开始激增的声音。

7. 让学生在他第一次听到车流量开始激增时告诉教师或者向教师示意。

8. 仔细解释：学生必须不仅听车辆加速的声音，还要听车辆是否开始直行或者是否在十字路口处左转弯。

9. 仔细解释：汽车在红灯时右转弯是合法的。制造车辆启动的声音，并且变换红绿灯，引导学生判断如何右转弯。

10. 进行长时间的全面的练习，因为安全问题攸关生命。

■4.26　在公共交通工具内部确定自己的方向

活动主题： 公交车内区分方向

能力要求： 走动、视力、语言、动手能力

兴趣水平： 学前、小学、中学生、青少年

材料： 椅子、牛奶盒子、图片、剪刀

1. 在房间内模仿公交车内部的布局：摆放2行长长的椅子和一个司机的座椅，用剪掉顶盖的牛奶盒子充当车票收集箱。

2. 收集建筑物、公园和城市风景的其他图片。

3. 允许学生选择目的地。

4. 让学生走上公交车，把票放进盒子里，然后坐下来。

5. 提醒学生：如果他们碰到其他乘客身上，说声"对不起"。

6. 当学生们到达目的地时，让他们说一声"叮"以便下车。

7. 通过举起城市风景的图片开始"开车"。

8. 继续"开车"，直到每个学生都有机会说"叮"并下车。

9. 对那些记着在哪里下车的学生给予奖励。

10. 用"公交车"游览完整个城市。

第五章　移动 I

学会请求帮助、保护自己，掌握室内持杖技术，并在向导的帮助下前进

行为标识

不能根据参照物正确落座

不能请求帮助或者有礼貌地谢绝帮助

不能正确抓握向导、处理站位和控制速度与向导一起前进

不能在向导的陪伴下开、关门，上下楼梯和通过安全通道

不熟悉的抵挡移动时，不会保护自己

不会使用上下臂保护自己

不会正确转向

不能掌握室内持杖技术

■5.01　用椅背、桌子、课桌作为参照点，正确地坐在椅子上

活动主题：正确落座

能力要求： 走动、听力、动手能力

兴趣水平： 小学、中学生、青少年、成年人

材料： 桌子、椅子

1. 把桌子和椅子放在一个安静的地方。

2. 走向桌子和椅子，并向学生解释情境。

3. 把学生的一只手放在椅背上，把另一只手放在椅子正前方的桌子边上。

4. 然后使用放在椅背上的手清理椅子：用手掌做"圆周运动"，从而确定椅子上是否有东西。

5. 提醒学生保持和桌子边缘的接触，以防头部受伤。

6. 让学生面向桌子走在椅子和桌子之间。

7. 让学生向后退，直到椅子触到大腿后侧，然后坐下来。

■5.02　正确地请求有视力的人帮助，有礼貌地谢绝或接受未被请求的帮助

活动主题：寻求帮助

能力要求： 走动、听力、语言、动手能力

兴趣水平： 中学生、青少年、成年人

材料： 房间、室外

1. 告知学生：善意的视力良好的人们也许会靠近并抓住他，试图"帮助"他到处走走。

2. 抓住学生的胳膊做示范。

3. 告诉学生，他必须做的第一件事是让被抓住的手臂放松，并把这只手臂举到肩部。

4. 提醒学生站稳双脚保持平衡。

5. 让学生告诉这位视力良好的"帮手"，他在松开抓着他的手，以便让"帮手"不害怕或心烦。

6. 让学生把另一只手伸到被抓住的手臂下面、扶住"帮手"的手腕往前拉，直到"帮手"松开手。

7. 告诉学生如果他希望接受帮助，他必须扶住"帮手"的手腕，直到他采用了正确的姿势。如果他不需要帮助，他可以松开对方的手腕，并且感谢对方主动提供帮助。

8. 练习这些动作，直到学生有信心。偶尔出其不意地抓住学生的胳膊，从而强化所学的动作。

■ 5.03 正确地抓住有视力的向导的肘部上方的胳膊

活动主题：随行抓握

能力要求： 听力、动手能力

兴趣水平： 中学生、青少年、成年人

材料： 房间、室外

1. 让学生等待视力良好的人和他接触，或者把他自己的前臂举到腰部的高度，向视力良好的人示意他要动起来。

2. 触摸视力良好的人的肘部可能造成双方的尴尬。

3. 让学生抓住视力良好者的胳膊，手指放在内侧、拇指放在外侧。

4. 告诉学生把他的上臂始终紧贴在身侧。

5. 让学生多次把胳膊夹紧。

6. 如果学生做得不正确，示范正确的夹紧方式。

7. 转换场地。

8. 用几种不正确的方式夹紧学生的胳膊，让他识别问题出在哪里。

■ 5.04 站在有视力的向导后面，离他半步

活动主题：随行站位

能力要求： 走动、动手能力

兴趣水平： 小学、中学生、青少年、成年人

材料： 房间、室外

1. 告诉学生，教师将要遵循怎样的程序。

2. 教师用手背接触学生的胳膊，以便让学生很容易地把他的手沿着教师的胳膊向上滑。

3. 让学生把他的手移到教师的肘部上方。

4. 解释说这样可以使他获得最准确的运动信息，并且使教师的下臂可以自由活动。

5. 告诉学生让他的上臂平行并紧贴他的身侧，这样一来，他的上臂和下臂就可以在前臂向前伸出时呈90度。

6. 告诉学生这一姿势使身体宽度最小，呈直线姿势，在拐弯或接近物体时所需要的反馈也降到了最低。

7. 练习拐几个大弯，证明学生用这种姿势可以对运动进行监测。

■5.05 用放松的方式，和向导同速前进

活动主题：随行控速

能力要求： 走动、动手能力

兴趣水平： 小学、中学生、青少年、成年人

1. 像向导那样抓着学生的手。

2. 提醒学生在教师后面保持半步距离的重要性，这样是为了让他有足够的时间正确理解教师的提示并做出反应。

3. 观察学生对技能构成的意识、对向导提示的意识、对环境数据的意识、在学习这项技能时对于方向感的维持。

4. 告诉学生他们的外观和教师的期望。

5. 观察学生的姿势问题并根据需要指出这些问题。

6. 用教师和学生两个都感到舒适的步速行走，包括在课堂上学习转弯。

■5.06 在向导转弯时跟着转弯，不退缩或推挤向导

活动主题：随行转弯

能力要求： 走动、动手能力

兴趣水平： 小学、中学生、青少年

材料： 房间、室外

1. 让学生把教师当作向导并抓住教师。

2. 提醒学生在教师后面保持半步距离的重要性，这样是为了让他有足够的时

间正确理解教师的提示并做出反应。

3. 沿着越野障碍训练场的转弯处来回行走。

4. 刚开始时，教师提示可以夸张，从而确保学生理解这些提示。

5. 如果学生不情愿，加上口头提示。

6. 逐渐减少提示。

7. 口头监督学生的动作，以便让学生一直了解他自己表现得怎么样。

■5.07 随着有视力的向导安全地通过门口和狭窄的入口

活动主题：导盲随行过门口和狭窄的入口

能力要求：走动、动手能力

兴趣水平：中学生、青少年、成年人

材料：门口

1. 把学生带到狭窄的门口。

2. 告诉学生：有一个安全的方法可以让教师和学生两个人通过门口。

3. 告诉学生，教师将会把胳膊向后移到腰骶部，以便向他示意接近门口。

4. 告诉学生这是在示意他伸开胳膊并直接跟着教师走。

5. 告诉学生过了门之后，教师将会把胳膊恢复到正常的位置。

6. 提醒学生稍微靠外行走，从而避免踩到教师的脚后跟。

7. 当教师和学生走过台阶的时候，慢慢地重复这些指令。

8. 刚开始用胳膊做出夸张的动作，从而确保学生收到了提示。

■5.08 在向导的陪伴下开门和关门

活动主题：导盲随行开、关门

能力要求：走动、听力、动手能力

兴趣水平：中学生、青少年、成年人

材料：门口

1. 把学生带到很少使用的门口。

2. 解释活动程序。

3. 提醒学生这个活动程序要求教师和学生两个像团队那样配合完成。

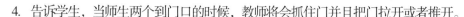

4. 告诉学生，当师生两个到门口的时候，教师将会抓住门并且把门拉开或者推开。

5. 告诉学生这是在提示他改变前臂和手的姿势。

6. 告诉学生教师将会先走过门口。

7. 告诉学生他应该摸着门，同时在大约一步远的地方拉门，在半步远的地方推门。

8. 提醒学生他必须把门推开再过去。

9. 提示学生，如果这扇门要求学生必须用手关上，教师将会暂停一下。

10.经常用各种门来练习。

■5.09　随着有视力的向导安全地通过拥挤地区

活动主题：导盲随行穿越空间

能力要求：走动、听力、动手能力

兴趣水平：小学、中学生、青少年、成年人

材料：门口

1. 解释活动目的。

2. 告诉学生，他将要学习新的提示。

3. 告诉学生，当师生两个都到达狭窄的通道或拥挤地区时，教师将会把胳膊向后移到腰骶部。

4. 告诉学生这是在示意他伸开胳膊并直接跟着教师走。

5. 告诉学生，过了拥挤地区之后，教师将会把胳膊恢复到正常的位置。

6. 提醒学生稍微靠外行走，从而避免踩到教师的脚后跟。

7. 当师生两个走过台阶的时候，慢慢地重复这些指令。

8. 最初的时候用胳膊做出夸张的动作，从而确保学生收到了提示。

■5.10　随着有视力的向导走上楼梯或马路牙子而不绊倒或摔倒

活动主题：导盲随行上楼梯

能力要求：走动、听力、语言、动手能力

兴趣水平：小学、中学生、青少年、成年人

材料：楼梯的一段

1. 找到一段很少使用的楼梯。

2. 如果有必要，简要复习有视力的向导技能。

3. 在爬完楼梯和台阶后，告诉学生将要学习怎样利用向导的身体作为信息来源。

4. 提醒学生站在正确的位置：在向导后面半步远的地方。

5. 这样一来，学生就可以在向导比他先走上台阶的时候，感觉到向导在向上走。

6. 强调学生的下一步就是上台阶，因此他必须反应迅速。

7. 解释说：为了让学生能控制情况，明智的做法是告诉向导正对着所有的台阶走而不要斜着走，从而让学生更容易预料到台阶的位置。

8. 从一层台阶，如马路牙子，开始练习技能，然后继续练习多层台阶。

9. 如果学生非常紧张，慢慢地接近台阶，而且在上台阶之前暂停一下。

10. 强调优雅和能力目标。

11. 鼓励学生察觉到向导到达台阶的顶端，这样一来，学生就会知道他只有一层台阶要走，而不用抬起脚迈向最后一层不存在的台阶。

12. 让动作流畅。

13. 练习下去，直到学生表现得自在和优雅。

■5.11 随着有视力的向导走下楼梯或马路牙子而不绊倒或摔倒

活动主题：导盲随行下楼梯

能力要求：走动、听力、动手能力

兴趣水平：小学、中学生、青少年、成年人

材料：楼梯、马路牙子

1. 选择很少使用的台阶或一小段楼梯。

2. 告诉学生，教师将要走下楼梯。

3. 解释说当教师接近台阶或楼梯时，将会放慢脚步，提示学生上台阶。

4. 告诉学生，教师将会一直正对着台阶，以免学生在教师之前到达台阶。

5. 告诉学生，他必须注意教师的身体运动，特别是胳膊向下摆的动作。这一动作表明教师已经开始沿着台阶向下走，他的第一步也将会是向下的。

6. 让学生站在教师和扶手之间开始练习。

7. 告诉学生，当教师到达地面的时候，他将会根据教师在地面上所做的短暂停顿判断出来。

8. 这是在提示他为到达地面做好准备和避免尴尬。

9. 在接近台阶和下台阶的过程中，经常练习所需的口头提示。

■5.12 在向导后面上下楼梯，不多迈步子也不拖着脚走

活动主题：导盲随行上下楼梯

能力要求： 走动、听力、动手能力

兴趣水平： 小学、中学生、青少年、成年人

材料： 楼梯

1. 找到一段很少使用的楼梯。

2. 提醒学生，教师在接近台阶时将会正对着它，并且在第一层台阶的底部将会停顿一下。

3. 告诉学生走到教师旁边，在教师的带领下爬楼梯，在教师后面保持一步的距离。

4. 指导学生：为了安全起见，要让身体保持微微前倾。

5. 警告学生，教师在爬完楼梯后将会停顿一下。

6. 这是在提示他：前边还剩一个台阶。

7. 自然地采用正常的步速，从而避免到达平地时的拥挤和促进安全。

8. 在初期阶段经常重复练习并进行夸张的提示。

■5.13 随着向导安全高效地走上或走下交通设施

活动主题：导盲随行上下交通设施

能力要求： 走动、听力、动手能力

兴趣水平： 小学、中学生、青少年、成年人

材料： 公交车

1. 联系当地的公共交通部门，找到一辆不用的公交车。

2. 让学生熟悉车门的位置、座椅安排、垂直的和平行的扶手、台阶数量、信号铃的拉绳、后门的操作、窗户、扶手和投币箱。

3. 确定公交车停靠站。

4. 让学生正确地站在台阶上。

5. 告诉学生根据听觉线索确定公交车的到站和停靠位置。

6. 让学生通过触摸轮胎和保险杆来找到车门的位置。

7. 告诉学生向司机询问确认这是不是他要乘坐的公交车。

8. 和学生一起登上台阶并向右手边的投币箱投币。

9. 如果有必要，请司机告诉学生公交车到站的时间，学生后面的座位是否是空着的，并提醒学生换乘。

10. 指导学生用手和前臂找到垂直的扶手来帮助自己坐下。

11. 把上述步骤反过来练习下车。

12. 分角色表演确定位置，上车和下车，之后再要求学生在街道上执行任务。

■5.14 随着向导安全地使用自动扶梯或电梯

活动主题：导盲随行使用电梯

能力要求：走动、听力、动手能力

兴趣水平：小学、中学生、青少年、成年人

材料：电梯

在盲人教师的指导或帮助下使用或修改。

1. 把学生带到一个有电梯的走廊，这里的电梯很少使用。

2. 告诉学生这里有很多听觉线索：铃声和开门的声音，同时这里的行人也可能帮助他找到电梯的位置。

3. 示范这些线索和其他的线索。

4. 走近电梯。

5. 告诉学生楼房的顶层和底层只有一个按钮用来召唤电梯。

6. 顶层的按钮会让电梯向上运动，底层的按钮会让电梯向下运动。

7. 选择方向，让学生按下正确的按钮。

8. 让学生站在电梯门的一侧。

9. 当电梯到的时候，停顿一下，让里面的行人先出来，然后走进电梯。

10. 学生可以使用手和前臂触摸按钮，或者用手杖缩短距离触摸按钮。

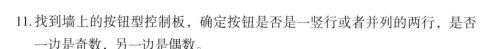

11. 找到墙上的按钮型控制板，确定按钮是否是一竖行或者并列的两行，是否一边是奇数，另一边是偶数。

12. 指出紧急按钮的位置。

13. 告诉学生站在靠墙的一侧，以便为其他乘客留出地方。

14. 告诉学生他可以通过询问电梯里的另一名乘客来证实自己需要在哪个楼层出电梯。

15. 迅速走出电梯，以便让其他乘客进出电梯。

■5.15 在向导临时离开时保持镇静

活动主题：导盲随行上楼梯

能力要求： 走动、听力、动手能力

兴趣水平： 小学、中学生、青少年、成年人

材料： 房间、室外

1. 告诉学生，有时候作为向导的教师可能不得不离开学生几分钟的时间。

2. 告诉学生，教师会及时解释他在哪里，并且让他接触到一个静止的物体以便于支撑或辨别方向。

3. 把学生单独留在一个相当熟悉的室内环境中1到2分钟的时间。

4. 逐渐延长学生在熟悉的环境中独处的时间。

5. 走到有可能让学生感到害怕的环境中，开始时减少学生独处的时间，等到学生比较适应后再逐步延长时间。

■5.16 在不熟悉的地方移动时，使用上臂保护上半身

活动主题：防护技能

能力要求： 走动、听力、动手能力

兴趣水平： 小学、中学生、青少年、成年人

材料： 室内

1. 告诉学生，不管他有没有助行器，也不管对环境是否熟悉，为了让他能够安全移动，他必须能够保护他自己。

2. 告诉学生可以运用各种技能来保护自己的上半身和下半身。

3. 描述上臂和前臂使用技能。

4. 告诉学生把他的胳膊伸到肩部的高度，就好像要在这个高度上握手；把手伸到另一只胳膊处，把前臂伸到适当的距离，和身体成钝角，手掌向外旋转，手指保持伸展、并拢和放松。

5. 记住：这项任务很快就会让学生疲劳。开始时让学生把胳膊放在肩部高度以下，穿插其他任务来锻炼不同部位的肌肉。

6. 让学生把胳膊放在适当位置，然后放低，重复几次。

7. 从几个角度观察学生，查看胳膊的不同位置。

■5.17　在找回丢失的物件时，蹲下并用胳膊保护头和脸

活动主题：下蹲防护

能力要求：听力、动手能力

兴趣水平：小学、中学生

材料：10个一元、2个五角、2个一角硬币

1. 解释怎样找到掉落的物件。

2. 示范蹲下去找回掉落的物件时的正确防护。

3. 告诉学生，教师将要扔下几枚硬币、一次扔一枚，学生要把它们找回来。

4. 告诉学生，如果他的动作正确，他可以保留找到的硬币。

5. 要求学生使用听觉线索来判断方向，并且在弯下腰去系统地寻找硬币时表现出正确的防护技能。

6. 让学生努力识别每一枚落在地上的硬币，并且在找回硬币后确认或否定自己的判断。

7. 如果学生的动作不正确，示范正确的防护位置。

8. 使用其他物件或不同的地板表面来练习。

■5.18　使用手臂保护下半身，调整最低防护技能

活动主题：防护技能

能力要求：走动、听力、动手能力

兴趣水平：小学、中学生、青少年、成年人

材料：房间、门、椅子等

1. 告诉学生这是另一项防护技能。当他怀疑胸部以下有物体或者确定门把手、椅子和其他处于胸部高度或低于胸部高度的物体时，他可以运用这项技能。

2. 讲解动作过程。

3. 伸开学生的上臂、前臂、手腕和手指，把手放在身体中线的位置，距离身体大约20到25厘米，手掌转向内侧，手指并拢并放松。

4. 告诉学生这个姿势显得更自然，并且最大限度地降低对身体和手的伤害。

5. 让学生把胳膊放在适当位置，然后放低，重复几次。

6. 要了解把一个肩膀向前凸出是常见的错误，这样一来，学生的身体就不直了。

7. 让学生手拿轻型物件，如：书、纸，以增加对身体的覆盖范围。

■5.19 运用上下臂结合的技能保护自己

活动主题：防护技能

能力要求：走动、听力、动手能力

兴趣水平：小学、中学生、青少年、成年人

材料：细绳、纸

1. 准备一个"安全"迷宫，用细绳把一些轻型物件从天花板上悬挂下来。

2. 确保这些物件悬挂在不同的高度，以便让学生不得不使用上臂和前臂来进行自我保护。

3. 告诉学生一只手负责上肢运动，一只手负责下肢运动。

4. 告诉学生在走过迷宫时保护他自己不撞在障碍物上。

5. 学生每躲过一个障碍物就奖励他一分。

■5.20 转过 90 度、180 度、360 度、270 度和 45 度

活动主题：转向

能力要求：走动、听力、动手能力

兴趣水平：小学、中学生、青少年

材料：大箱子

1. 把一个箱子剪到学生腰部的高度。

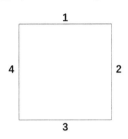

2. 帮助学生走到箱子里。

3. 让学生面向箱子的一侧站立。

4. 让学生用双手抓住箱子的侧面，顺时针从一侧转向另一侧。

5. 在箱子的各个侧面写上数字1至4：北面是1、东面是2、南面是3、西面是4.

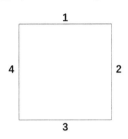

6. 确保学生理解哪个数字对应着哪个方向。

7. 告诉学生从1转到2是90度、从1转到3是180度、从1转到4是270度。

8. 让学生按照各种顺序转过45度、90度、180度和270度。

9. 如果学生容易分不清方向，把数字1的字体加粗。

■5.21 让手杖尖和室内的地面保持 3~5 厘米的距离

活动主题：室内持杖技术

能力要求：听力、动手能力

兴趣水平：小学、中学生、青少年、成年人

材料：1米尺长的板子、2块砖

1. 把砖放在两头，把板子放在上面，这样一来，板子的两头都有砖。

2. 让学生把拐杖尖放在板子下方、离板子足够远，这样一来，如果把拐杖尖抬起6厘米以上，拐杖就会打在板子上。

3. 让学生站立不动，用拐杖练习弧线运动。

4. 观察学生练习几次，确保学生所做的运动正确。

5. 在板子的顶端放置小的奖品，在学生完成规定数量的正确的弧线运动后就可以得到奖品。

6. 把砖向里调一调，以便对弧线的宽度做出直接的反馈。

■5.22 在室内走动时，用手杖尖左右移动，幅度不超出或低于身体的宽度

活动主题：室内持杖

能力要求： 走动、动手能力

兴趣水平： 小学、中学生、青少年、成年人

材料： 两把椅子、手杖

1. 放置两把椅子，让椅子的间距与肩同宽。

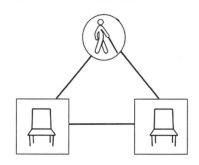

2. 让学生拄着手杖走到椅子前边。

3. 告诉学生：如果他的动作有适当的弧宽，他的手杖就应该碰到每一把椅子上。

4. 让学生用手杖进行往返练习，直到他能感觉到弧宽。

5. 把椅子搬走，看学生是否能保持同样的弧宽。

6. 如果学生有困难，把椅子重新放好，让学生再次练习。

7. 在很多课的课前都可以用这项活动作为热身练习。

■5.23 用拇指和其他手指抓住手杖柄，练习律动、用吸尘器打扫或碰触的技能

活动主题：手杖持握

能力要求： 听力、动手能力

兴趣水平： 青少年、成年人

材料： 每个学生一根大小适当的手杖

1. 描述并示范抓握手杖的正确姿势。

2. 用惯用手以握手的姿势握住手杖。抓住手杖，让手杖柄的上缘挨着拇指的手指肚，用伸出的食指指向手杖柄蜷曲部分的下侧，手指握住手杖柄作为支撑。把拇指放在手杖柄的顶部，与中指接触。

3. 从学生手中拿过手杖。

4. 把手杖还给学生，让学生重新抓握手杖。

5. 通过示范来纠正错误。

6. 重复几遍。

■5.24 握住手杖，练习触觉所需的手部位于中心的正确位置

活动主题：触觉技能

能力要求：走动、听力、动手能力

兴趣水平：小学、中学生、青少年、成年人

材料：长手杖

1. 在开始练习触觉技能时，不但让学生握住手杖，老师还要和学生一起握住手杖，示范基于触觉的正确的手部位置。

2. 解释让手部一直位于中心的正确姿势的重要性。

3. 让学生运用触觉技能沿着走廊行走，偶尔用那只闲着的手来检查手杖柄的中央位置。

4. 对学生的手部位置给予口头反馈。如果他的手正确地放置在中央，让他注意肘部的位置。

5. 如果有必要，让学生把前臂放到中央，把手空出来走几步，从而让他更加熟悉正确的位置。

■5.25 用手杖尖做与肩同宽的弧形运动；让手杖尖足够低，以便探测地面上的障碍物

活动主题：手杖探索障碍物

能力要求：听力、动手能力

兴趣水平：青少年、成年人

材料：经得起碰撞的，足够沉的任意两个物体（砖、木块、椅子）、很容易被撞翻的任意两个物体（薄的纸板箱等）

1. 让学生用正确的姿势抓住手杖。

2. 复习碰触技能的目的：通过用手杖在身体前边比肩部稍宽的地方左右碰触来清理道路。

3. 把稳定的物体放在距离学生一手杖远的地方，让物体的间距比学生的肩宽多出5到10厘米（如图所示）。

4. 让学生开始用手杖从左到右做弧线运动，通过摆动手杖接触边界上的物体。

5. 继续练习，直到学生有规律地在边界内划出适当的弧度，但又不完全错过边界上的物体。

6. 口头纠正弧线的高度。

7. 加大难度：把稳定的物体换成不稳定的物体，或者把不稳定的物体放在已知的边界外面。

■ 5.26　在拥挤的地方用手杖移动比较窄的弧度，在不熟悉的地方移动比较宽的弧度

活动主题：控制手杖移动

能力要求：听力、动手能力

兴趣水平：小学、中学生、青少年、成年人

材料：长手杖

1. 解释弧线的宽窄要取决于具体情况。

2. 面向学生站在离他足够远的地方，以便让他的手杖尖落在教师的双脚之间。

3. 把双脚分开，以便让手杖尖在划出正常弧线的时候碰到教师的脚。

4. 缩短双脚间的距离，描述窄弧的使用和尺寸，让学生用教师的双脚作为边界进行练习。

5. 继续用同样的方法练习较宽的弧线。

6. 当学生能力增强的时候，通过快速改变你的站姿来挑战他。

■5.27 **用手杖探测障碍物。一旦探测到障碍物就立即停下来。借助手杖在物体周围走动**

活动主题：手杖探测障碍物

能力要求：走动、听力、动手能力

兴趣水平：青少年、成年人

材料：10到30把椅子

1. 选择没有交叉的空旷的门厅、敞开的门或者其他空旷的地方。

2. 把椅子摆成一行或几行以便挡住门厅，只留一个出口。

3. 让学生用他所习惯的手杖技能在大厅走动，直到遇到挡路的椅子。

4. 让学生停下来，用他的手杖"扫一扫"，直到他找到出口并从出口通过。

5. 不允许学生挪动椅子。

6. 改变出口的位置，增加连续的成行的椅子或者增加迷宫路径的复杂性。

第六章　移动Ⅱ

学会正确持杖，利用手杖探路、出行

 行为标识

不能使用身体探索障碍物

不会持杖行走

不会控制手杖、正确放置手杖

不会使用手杖探路、辨别障碍物

不会使用手杖过马路、过红绿灯和探索台阶

不会使用手杖上下楼梯

不会使用手杖乘坐交通工具

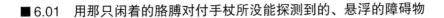

■ 6.01　用那只闲着的胳膊对付手杖所没能探测到的、悬浮的障碍物

活动主题：探测障碍物

能力要求：走动、听力、动手能力

兴趣水平：小学、中学生、青少年、成年人

材料：道路

1. 告诉学生：手杖将会帮助保护学生的腿和下身，但是他的上身和头部将得不到保护。

2. 介绍上臂和前臂技能。

3. 告诉学生把胳膊伸到肩膀的高度，就好像要在那个高度握手一样。

4. 让学生把手举到另一只肩膀处，把前臂伸出适当的距离、与身体形成钝角。

5. 手掌向外旋转，手指保持伸开、并拢和放松。

6. 提醒学生在接近物体之前要警惕。

7. 提醒学生保持前臂和手部放松对于最大限度地缓解冲击的重要性。

8. 让学生把胳膊放在适当位置，放下来，并重复练习。

9. 这项任务很快就会让学生疲劳，在教学中穿插其他任务来锻炼不同部位的肌肉。

■ 6.02　正确使用手杖沿着导线或海岸线行走

活动主题：持杖沿线行走

能力要求：走动、听力、语言、动手能力

兴趣水平：中学生、青少年、成年人

材料：道路

1. 找到有各种盲道的地方。

2. 把学生带到预先确定的地方。

3. 让学生靠近人行道的里侧行走，这样他就可以接触到各种盲道，并且不会受到迎面而来的行人的干扰。

4. 确定街道在学生的左边。

5. 让学生靠近盲道行走，以便让海岸线在手杖所划出的弧线之内，但是也不要靠得太近以至于让身体碰到墙壁。

6. 让学生练习靠近墙壁行走，用手杖尖摆动到右边接触墙壁。

7. 确保学生记得把手杖摆动到左边划出完整的弧线来进行全面保护。

8. 练习下去，直到学生得心应手。

9. 移到柔软的盲道。

10. 介绍说，练习过程和之前是一样的。

11. 一定要解释"轻轻"碰触，避免戳进地面或卡住手杖尖，不然的话会减慢或阻止前进的动作。

12. 鼓励学生即使在坚实的表面上也要轻轻碰触。

13. 解释说学生将会通过试探和感觉手杖尖触地的声音来估计碰触的轻度。

14. 鼓励学生独立练习。

■6.03   在运用节奏技能和室内技能时，转换拄杖时的手部姿势

活动主题：转换持杖姿势

能力要求：走动、听力、动手能力

兴趣水平：小学、中学生、青少年、成年人

材料：楼道、门厅

1. 告诉学生：在门厅或者楼梯，他可能需要从室内技能转换为节奏技能或碰触技能。

2. 让学生采用室内倾斜行进技能。

3. 让学生把手掌和前臂旋转到身体中线以方便换手。

4. 让学生用手掌的中线握住手杖，让手背面对外侧。

5. 确保食指向下伸展、拇指在其他手指的上面。

6. 提醒学生把手指向下弯曲攥住手杖，这样弯曲部分就不会妨碍手腕的动作。

7. 拇指施加向下的压力、中指施加向上的压力，其余的两个手指用于适当的控制。

8. 纠正学生的动作并经常练习。

■6.04   利用手杖沿着街道走一条比较直的路线

活动主题：持杖走直线

能力要求：走动、听力、语言、动手能力

兴趣水平：中学生、青少年、成年人

材料：人行道

1. 让学生行走在轮廓分明的人行道上。

2. 在前边面向学生走动，最初的时候让他沿着教师的脚步行走，必要时以向导的身份用语言激励他。

3. 当学生确定了直线路径时，减少听觉提示。

4. 在街区的尽头往回返。

5. 选择人行道车道边界轮廓不太分明的街区，从而加大难度。

■6.05 利用手杖行走时，身体保持挺直

活动主题：持杖行走

能力要求：走动、听力、动手能力

兴趣水平：小学、中学生、青少年、成年人

材料：粘贴标签、带子

1. 告诉学生，姿势对他的外表很重要。

2. 告诉学生，教师将会评估学生的姿势。

3. 在教师的检查表上列出下列内容：先注意手腕置于中央、正确的手腕动作、弧线的高度；再注意提肩、弧线的宽度；稍后注意反应时间、肩膀偏差、挂着手杖的手和身体中线之间的空间分配。

4. 每节课之后对学生进行评定。

5. 在学生的身体部位上粘贴标签或松的带子，从而提醒他改进。

■6.06 用手杖行走时，身体、头部、胳膊都在正常的位置

活动主题：持杖行走

能力要求：走动、听力、动手能力

兴趣水平：小学、中学生、青少年、成年人

材料：粘贴标签、带子

1. 为所有的活动课制定姿势评估表。

2. 在评估表上列出步态和头部、胳膊、肩膀及背部的姿势。

3. 每节活动课之后为每个学生填写这张表。

4. 每节课后都讨论评估的事项，确保学生明白哪个身体部位的姿势需要改进。

5. 把粘贴标签或者带子固定在学生的身体部位上，从而提醒他在下节课改进。

■6.07　用手杖行走时，步速保持不变

活动主题：持杖行走

能力要求： 走动、听力、动手能力

兴趣水平： 小学、中学生、青少年、成年人

材料： 道路

1. 提醒学生走路时尽可能保持优雅的站姿和步态。

2. 告诉学生在整个活动中努力保持正常的步速。

3. 把手杖尖放在惯用脚的前边，让手杖和脚同时移动。

4. 确保学生总是先迈同一只脚，让学生在活动中每一步都踢开手杖。

5. 开始时让学生在没有障碍的地方练习走动。

6. 提醒学生他可以停下来重新行走，从而恢复之前的步速；或者在保持同样的步态时用手杖在同一侧碰触两次。

7. 如果学生不能让脚步和手杖保持一致，确保学生的步速比手杖的节奏慢，以便更好地探路。

■6.08　用手杖行走时，步子稳定而不拖着脚走

活动主题：持杖行走

能力要求： 走动、听力、动手能力

兴趣水平： 小学、中学生、青少年、成年人

材料： 墙边

1. 让那些犹豫不前或者走路不稳的学生使用双重探路技术。

2. 让学生站在墙边、用手杖和手来探测这面墙。

3. 这样做有助于增加反馈和行走的勇气。

4. 让学生意识到拖着脚走的声音，从而让他监督自己的脚步。

5. 根据需要提供帮助。

6. 减少双重探路：让学生只用手杖探路，逐渐延长用手检查与墙壁的相对位置的时间间隔。

■ 6.09　用手杖行走并携带大型物件时，保持正确的步伐

活动主题：持杖携物行走

能力要求： 走动、听力、动手能力

兴趣水平： 小学、中学生、青少年、成年人

材料： 纸张、书本、书包

1. 告诉学生在行走时经常需要携带书本或书包。
2. 告诉学生，可以用手的上部和前臂的位置来支撑所拿的书。
3. 介绍位置。
4. 让学生把胳膊伸到肩部的高度，就好像要在这个高度上握手；把手伸到另一只胳膊处，把前臂伸到适当的距离，与身体成钝角，手掌向外旋转，手指保持伸展、并拢和放松。
5. 开始时用薄的书或一张纸来练习。
6. 把物件放在学生的手里，把位置调整到最佳。
7. 把物件从学生手中拿走，然后再放回去。
8. 让学生把书拿在适当的位置上。
9. 重复练习。

■ 6.10　手杖在不用时放好，不妨碍过路人

活动主题：置仗

能力要求： 走动、听力、动手能力

兴趣水平： 小学、中学生、青少年、成年人

材料： 墙角、座位

1. 提示学生，手杖在不使用时对于他自己和别人都有着潜在的危害。
2. 告诉学生有一些标准的、方便的存放地点。
3. 描述各种存放地点。
4. 手杖可以靠墙放置或立在角落里、平行着放在座位下面、与脚垂直并用双

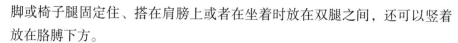

脚或椅子腿固定住、搭在肩膀上或者在坐着时放在双腿之间，还可以竖着放在胳膊下方。

5. 让学生练习采用各种位置。

6. 让学生把每一种位置中的手杖都安全地放好。

7. 鼓励学生在放好手杖后确定地标，以便帮助找到手杖所在的位置。

■6.11 在社交场合控制手杖

活动主题：控制手杖

能力要求：走动、听力、动手能力

兴趣水平：小学、中学生、青少年、成年人

材料：汽车

1. 提醒学生，他有责任确保手杖放在安全的位置，并且没有挡住司机的路。

2. 告诉学生进了车门后把手杖移到右手并保持和车门的接触。

3. 让学生用那只空闲的手接触顶棚的边缘，然后"清扫"座位并坐下来。

4. 让学生在就座后把手杖拉进汽车，避免不小心碰到已经坐下的人。

5. 告诉学生拿着手杖，把手杖放在安全的位置，并口头说明他正在关门。

6. 下车之前让学生在座位上把手杖拿到他自己前面。

7. 经常练习。

8. 学生有时候忘记说明他们正在关门。

■6.12 用手杖探测交叉人行道

活动主题：手杖探索交叉人行道

能力要求：走动、听力、动手能力

兴趣水平：小学、中学生、青少年、成年人

材料：交叉人行道

1. 解释说这个过程主要用于不正确地横过街道后寻找交叉人行道。

2. 告诉学生在街道上应该让自己与路边平行并靠近路边。

3. 让学生放慢步子并调整碰触技能。

4. 用手杖尖碰触离另一侧肩膀3厘米远的地方。

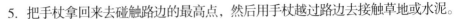

5. 把手杖拿回来去碰触路边的最高点，然后用手杖越过路边去接触草地或水泥。

6. 在学生不动的时候开始练习这一技能。

7. 监督学生的动作。

8. 让学生经常练习。

■6.13 用手杖探测陡坡、斜坡和路边

活动主题：手杖探路

能力要求：走动、听力、动手能力

兴趣水平：小学、中学生、青少年、成年人

材料：陡坡

1. 让学生调整碰触技能。

2. 让学生用手掌中线部分抓住手杖，手背向外。确保食指向下伸展，拇指放在其他手指的上面。

3. 提醒学生把手指向下弯曲攥住手杖，这样弯曲部分就不会妨碍手腕的动作。

4. 拇指施加向下的压力，中指施加向上的压力，其余的两个手指用于适当的控制。

5. 确信手腕在身体中线的中央并从身体向外伸展，以便让胳膊和手杖结合成直线。

6. 示范正确的手腕动作并让学生练习：把拄杖的手放在适当的位置，站在平坦的表面上，表演正确的手腕动作。

7. 确保学生理解：不要为了划出正确的弧线而转动腕关节。

8. 把学生带到有陡坡的地方。

9. 让学生在这些地方行走，同时监督学生的进展并示范每个陡坡带来什么样的感觉。

10. 观察学生的姿势和动作中可能出现的错误，从而获得手杖教学活动的反馈。

■6.14 用手杖帮助横过街道到想去的方向

活动主题：手杖分辨方向

能力要求：走动、听力、动手能力

兴趣水平：小学、中学生、青少年、成年人

材料：马路

1. 告诉学生，他在接近路边的时候可以注意到一些线索，如：垂直方向和平行方向的车流。

2. 告诉学生，他一探测到路边就应该停下来并且把手杖尖抵住马路牙子，这样可以防止超越马路的边界。

3. 让学生在走向路边时保持直线、适当对齐、移动到离路边20厘米以内的地方，并确保第一步就越过了路边。

4. 告诉学生，如果他没有探测到路边并从路边走下来，他应该后退并回到适当位置上来保持对齐。

■6.15　用手杖确定路边是方形的、圆形的或混合的

活动主题：手杖探路

能力要求：走动、听力、动手能力

兴趣水平：小学、中学生、青少年、成年人

材料：马路、陡坡

1. 让学生听靠近路边的线索。

2. 让学生在靠近路边时放慢步子，从而留出更多的反应时间，并用手杖碰触和滑动。

3. 让学生调整碰触技能：减小弧线的宽度，从而让手杖尖碰触到前面的每一步路。

4. 让手杖从最初的接触点移到肩膀外侧3厘米的适当位置。

5. 介绍说这个过程特别适用于探测不易察觉的陡坡或者混合的路边，因为这样做可以更多地接触地面和获取更多的反馈。

6. 告诉学生当他到达路边并正确对齐的时候，他可以用手杖沿着路的边缘探测一下，从而确定它是方形的还是圆形的。

■6.16　在需要横过街道时向公众寻求帮助

活动主题：过马路寻求帮助

能力要求： 走动、听力、语言、动手能力

兴趣水平： 小学、中学生、青少年

材料： 索引卡、盲文打字机、水彩笔

1. 设定一系列角色扮演的情境，让学生充当寻求帮助的人和提供帮助的视力良好的人。

2. 把每一种情境用盲文和大号字体记录在索引卡上。

3. 情境中包括怎样引导过度热情的视力良好的人的帮助，向陌生人示范向导技能，在横过危险的十字路口时寻求帮助，询问未知地点的信息和方向。

4. 让学生选择索引卡并表演上面所描述的情境。

5. 让其他学生扮演其他角色。

6. 在角色扮演之后讨论每一种情境，提出学生所忽视的选择或方案。

■6.17　在踏上街道之前，用手杖探测路上的障碍

活动主题：手杖探索障碍物

能力要求： 走动、听力、动手能力

兴趣水平： 中学生、青少年、成年人

材料： 道路

1. 告诉学生慢慢地走到街边。

2. 提醒学生在把前脚迈到道路边缘的时候，把重心保持在后脚上。

3. 让学生把后脚向前移动，直到两只鞋尖刚好在道路边缘的后面。

4. 告诉学生一直等到前面没有车辆。

5. 把学生拄杖的那只手在他正前方移动180度的弧线，让手杖轻轻地划过用手臂容易够到的地方。

6. 复习挥动胳膊的动作。

7. 让学生在确信有车辆和红灯的时候把手杖放回到预备位置。

8. 如果学生没有充分检查，阻挡他步入街道，复习整个过程，让他再试一次。

■6.18　在行走过程中利用手杖绕过车辆

活动主题：手杖绕过车辆

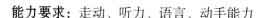

能力要求：走动、听力、语言、动手能力

兴趣水平：小学、中学生、青少年

材料：汽车、道路

1. 提示学生，当学生在行走过程中接触到物体时，他应该总是努力走到"里面"，例如：离开街道。

2. 让学生用手杖探测出口处的大小。

3. 让学生绕过物体，运用碰触技能持续移动手杖来检查空间大小并当心更远的障碍。

4. 如果学生确定没有足够的空间让他可以走到里面，让他绕过物体退回来。

5. 告诉学生在物体后面走动时一定要与物体保持接触。

6. 解释与物体保持接触的重要性：避免在街上走得太远或者离路边太近。

7. 经常练习。如果找不到其他的汽车，把教师的汽车停在私人车道上供学生练习。

8. 提醒学生继续首先检查"里面"。当他在无须提示时也能这样做时，对他给予表扬。

■6.19 运用室内手杖技能径直穿过街道

活动主题：室内手杖技能过马路

能力要求：走动、听力、动手能力

兴趣水平：小学、中学生、青少年、成年人

材料：道路、安静的十字路口

1. 选一个环境，这里的路沿好、车辆少、没有参差不齐的地方。

2. 让学生走近路沿并且和路沿对齐，练习"路口棒球"。

3. 让学生专注于他想去的方向，走一条直线。

4. 确保学生双脚匀速走路，以便于直线行走。

5. 鼓励学生在步入街道之前根据听力线索判断车辆的活动。

6. 让学生在行走之前先用手杖"清扫"道路，探索路面，再用中等的步速穿过十字路口。

7. 告诉学生他每次过十字路口时的良好表现都会赢得一分。

8. 让学生每天都挑战他自己的最佳记录。

■6.20　在步入人行道之前，用手杖测量对面的路沿高度

活动主题：手杖探索马路

能力要求：走动、听力、语言、动手能力

兴趣水平：小学、中学生、青少年

材料：手杖、安静的十字路口

1. 在步入安静的、车辆很少的十字路口的路边之前，练习"清扫"人行道的技能。
2. 让学生用手杖尖接触路边，然后靠近路边，直到用脚趾碰到路边。
3. 让学生把手杖尖抬到路沿上，让手杖尖位于身侧。
4. 让学生用手杖尖"横扫"人行道的表面，确保扫过的面积比身体宽。
5. 只有当学生"横扫"人行道之后，才让他站在路边。
6. 在几天内练习几次，直到学生能够迅速流畅地使用这一技能。
7. 如果学生忘记了这一技能，立即提醒他。

■6.21　在采用节奏技能之前，运用室内手杖技能探测障碍

活动主题：室内持杖探索障碍

能力要求：走动、听力、语言、动手能力

兴趣水平：中学生、青少年、成年人

材料：手杖、安静的十字路口

1. 在步入安静的、车辆很少的十字路口的路边之前，练习"清扫"人行道的技能。
2. 让学生用手杖尖接触路边，然后靠近路边，直到用脚趾碰到路边。
3. 让学生把手杖尖抬到路沿上，让手杖尖位于身侧。
4. 让学生用手杖尖"横扫"人行道的表面，确保扫过的面积比身体宽。
5. 只有当学生"横扫"人行道之后，才让他站在路边。
6. 在几天内练习几次，直到学生能够迅速流畅地使用这一技能。
7. 如果学生忘记了这一技能，立即提醒他。

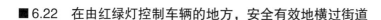

■ 6.22　在由红绿灯控制车辆的地方，安全有效地横过街道

活动主题：过红绿灯

能力要求：听力、语言

兴趣水平：小学、中学生、青少年

材料：两张60cm×60cm的纸板、4辆玩具汽车、胶水

1. 制作十字路口模型：用胶水把60cm×60cm的方形纸板粘贴在60cm×60cm的方形纸板的各个角上。
2. 对于视力部分残疾的人，用2种形成强烈对比的颜色。
3. 用玩具汽车示范交通模式。
4. 模仿交通模式，让学生确定横过路口的适当时间。
5. 根据学生的进步增加路口的复杂性：添加人行横道、岛屿、左转车道、道路中央的隔离带。

■ 6.23　用手杖找到一段向上或向下的台阶

活动主题：手杖探索台阶

能力要求：走动、听力、语言、动手能力

兴趣水平：中学生、青少年、成年人

材料：楼梯

1. 在上课期间找到一段很少使用的楼梯。
2. 让学生在距离底层台阶一两米远的地方开始练习。
3. 指导学生运用适当的手杖技能向前移动，直到手杖尖接触到第一层台阶的前面。把手杖尖固定住，用一只手向外摆动，以便继续向前移动并走到手杖尖所在的地方。
4. 如果有必要，在手杖尖接触到台阶时关注学生的胳膊动作。
5. 解释向外摆动挂杖的手臂的必要性：如果他向内侧摆臂，结果将会是尴尬的，他将会被迫扭转身体去靠近台阶；如果他不摆臂，他将会撞到手杖上。
6. 重复练习，直到学生能够找到并正确、舒适、优雅地靠近向上的楼梯。
7. 逐渐增加获奖评判标准的难度。

■6.24　用手杖确定向上或向下的台阶的高度和深度

活动主题：手杖探索台阶

能力要求：走动、听力、语言、动手能力

兴趣水平：中学生、青少年、成年人

材料：楼梯

1. 在上课期间找到一段很少使用的楼梯。

2. 让学生先靠近底层台阶。

3. 让学生运用适当的手杖技能找到第一层台阶的位置。

4. 在学生到达台阶底部的适当位置后，让他把手杖垂直举起来并注意手杖被举起的距离，直到手杖尖够到第一层台阶的顶部。

5. 如果学生在判断台阶高度上有困难，重复练习。

6. 如果有必要，让学生用手杖尖前后而不是左右摆动，以便估计台阶的深度。

7. 指出这个过程可以用一步轻松完成：把手杖尖直接举起来了解台阶的高度；把手杖尖推到台阶后部了解台阶的深度。

8. 确保学生直上直下地移动手杖尖，从而让手杖尖所经过的距离不至于像倾斜行进性活动中那样超过应有的距离。

9. 根据需要练习准确性、对速度的适应、动作的流畅性和学生迈上第一层台阶时把脚抬起来的高度。

10.让学生运用适当的技能从顶层台阶走下来。

11.提示学生，所用的技能基本相同。

12.告诉学生把重心更多地放在脚后跟上，这样就不会失去平衡而向前摔下来。

13.站在学生前面防止学生摔倒。

■6.25　用手杖帮助自己站在台阶右侧，抓住护栏，用正确姿势拄杖

活动主题：手杖探索台阶

能力要求：走动、听力、语言、动手能力

兴趣水平：中学生、青少年、成年人

材料：带有护栏的台阶

1. 找到带有护栏的楼梯。

2. 让学生运用适当的技能靠近楼梯。

3. 让学生把手杖尖放在向上或向下的第一层台阶上。

4. 告诉学生把手杖移到身体右边，直到他接触到墙壁或者右上方的护栏作为支撑。

5. 让学生朝着接触点移动，同时利用手杖和第一层台阶保持接触，避免滑倒或摔倒。

6. 当学生舒适地到达接触点时，让他把手杖举得更加接近垂直，以便用手杖找到护栏的位置。

7. 如果有必要，让学生抓住护栏，把手杖交到另一只手中。

8. 确保学生刚开始到达楼梯和抓住护栏时直面楼梯。提醒学生这样做的重要性：避免运用倾斜行进技能时在向下的台阶上滑倒。

9. 继续练习，让学生的动作更加流畅、更加有信心。

■6.26 用手杖轻触每一层向上的台阶并"清扫"每一层向下的台阶的表面

活动主题： 手杖上下楼梯

能力要求： 走动、听力、语言、动手能力

兴趣水平： 中学生、青少年、成年人

材料： 楼梯

1. 找到一段很少使用的楼梯。

2. 让学生运用适当的技能靠近楼梯顶部。

3. 解释下楼的技能基本上还是"横身、倾斜行进"，只是略微有点变化。

4. 让学生在顶层台阶上摆架势的时候把手臂抬高使之远离身体，就像横身技能中那样。

5. 让学生用手杖尖找到第二层台阶的边缘。

6. 告诉学生把手杖尖放在离第二层台阶的边缘几厘米的地方，并且把手杖稍微抬高一点，这样手杖尖就不会碰到台阶。

7. 暂停在这个位置上。

8. 检查学生的技能，确保手杖覆盖了学生的身体宽度。

9. 解释说：保持这个姿势是为了在下楼时用手杖尖"清扫"所有的台阶，以

便平稳优雅地下楼。

10. 经常练习。

11. 确保多数学生在下楼时举起胳膊。

12. 在学生下楼时一直在学生前面以便防止他摔倒，告诉他一直举着胳膊。

13. 如果学生摔倒了，让他想着把重心放在脚后跟而不是前面，并帮助他摆正姿势。

14. 重复几天，直到学生的动作熟练。

■6.27 用手杖表明向上或向下的楼梯的最后一层台阶

活动主题：手杖上下楼梯

能力要求： 走动、听力、语言、动手能力

兴趣水平： 中学生、青少年、成年人

材料：楼梯

1. 找到一段很少使用的楼梯。

2. 从底层的台阶开始练习。

3. 复习下楼技能。

4. 解释说学生将会知道自己下楼时是否保持了正确姿势，因为当手杖尖"清扫"最后一层台阶时，他应该还有一层半的台阶要走。

5. 在学生用手杖尖"清扫"台阶顶之后，练习数一数走过的台阶。

6. 复习下台阶的技能，以便找到楼梯的底面。

7. 解释说学生将会知道自己下楼时是否保持了正确姿势，因为如果她垂下胳膊，手杖尖将会接触到台阶顶；如果她举起胳膊，她的双脚就会与手杖尖同时到达或者比手杖尖先到达底部；如果她保持了正确姿势，当她的脚到达最后一层台阶的时候，手杖尖将会触到地面。

8. 注意到多数学生将会无意中举起胳膊。

9. 在学生下楼时一直在她的前面，在学生上楼时一直在她的后面，直到她感到舒适并掌握了这项技能。

10. 鼓励学生告诉你她是否成功地上楼和下楼以及她是怎样知道的。

11. 告诉学生下楼时把重心保持在脚后跟，上楼时把重心保持在脚趾。上楼时重心更多地前移到楼上的方向，以保安全。

■6.28 乘坐公共交通工具：安全地进入和离开，付费，找到座位

活动主题：乘坐公共交通工具

能力要求：走动、听力、语言、动手能力

兴趣水平：中学生、青少年、成年人

材料：公交车

1. 安排并带领学生去当地的一个车库，在公交车外面探索。
2. 让学生在公交车外面走动，尽可能多了解它的表面。
3. 让学生找到车门并进去。
4. 指导学生运用保护性的前臂技能探索公交车内部。
5. 向学生展示收费箱、水平的和竖直的扶栏、乘客座位、司机座位、方向盘、后门、靠近天花板的把手和其他重要的东西。
6. 让学生练习几次上车、找座和下车。
7. 提醒学生，对他来说最好的座位是前门里边司机的对面或者司机的正后方。
8. 当学生完成了教学目标后，带他乘坐公交车去某个特别的地方。

第七章　轮椅的使用

具备使用轮椅的基本身体运动，能够正确使用轮椅

行为标识

不具备使用轮椅的基本身体运动，如抬头、够物、支撑

不会在支撑下坐或者独立坐

不会使用移动学步车

支撑下无法站立

辅助下不会坐在轮椅上

不会操作轮椅，如前进、后退转弯等

不会在地板、床以及轮椅之间转移

■7.01 俯卧时抬起头来

活动主题：俯卧抬头

能力要求：视力

兴趣水平：学前

材料：楔形垫子

在物理治疗师的指导或帮助下使用或修改。

1. 把学生放在楔形垫子上，让他的胳膊和下巴在垫子的边缘上。
2. 安排一个包括很多动作或颜色的活动来吸引学生的注意。
3. 让垫子上的学生在10~15厘米远的地方面向这些动作或颜色，从而鼓励他抬头观察。
4. 即使学生只把头抬起一点，也对他给予奖励。

■7.02 俯卧时伸手去够、抓和放开物体

活动主题：俯卧伸臂

能力要求：视力、动手能力

兴趣水平：学前、小学

材料：玩具、楔形垫子

在物理治疗师的指导或帮助下使用或修改。

1. 准备学生喜欢的4个玩具。
2. 把学生放在楔形垫子上，让他的胳膊悬在垫子前边。
3. 坐在学生前面。
4. 给学生看第一个玩具。
5. 把这个玩具伸到学生面前让他抓。
6. 如果学生抓到了，允许他玩一会儿这个玩具。
7. 把第二个玩具伸到学生面前让他抓。
8. 把学生的注意力吸引到新玩具上来。
9. 让学生扔掉第一个玩具。
10. 当他扔掉第一个玩具的时候，可以让他拥有第二个玩具。
11. 用4个玩具重复练习。

12. 可以让学生从中选择他想要的一个玩具来玩。

■ 7.03　在最大限度的支撑下坐起来

活动主题：仰卧坐起

能力要求： 听力、动手能力

兴趣水平： 学前、小学

材料： 软垫、毛绒玩具

在物理治疗师的指导或帮助下使用或修改。

1. 让学生仰卧在软垫上。

2. 教师跪于学生头后方。

3. 把学生的头抬高到教师的肩部以下。

4. 让学生滑向教师，靠着教师的身体坐起来。

5. 把毛绒玩具放在学生双腿之间的垫子上。

6. 让学生伸开双腿，髋部向前移动。

7. 帮助学生把双臂和双手伸开。

8. 让学生用双手触摸毛绒玩具。

9. 讨论毛绒玩具的手感。

10. 让学生把后背放松靠在教师的身体上。

11. 把学生反复向前移动3次，增加"独"坐的次数和时间长度。

12. 加大难度：用教师的双手在垫子上压住学生的双手从而帮助他保持平衡；轻轻地左右摇动他，从而让他学会稳定住自己。

■ 7.04　在最小限度的支撑下坐起来

活动主题：坐起

能力要求： 听力、动手能力

兴趣水平： 学前、小学、中学生、青少年、成年人

材料： 软垫、玩具

在物理治疗师的指导或帮助下使用或修改。

1. 让学生坐在教师的双腿之间，从侧面给他以坚定的支撑。如果有必要，用

教师的双手和身体支撑着他的身体和头部。

2. 把支撑着学生头部的手逐渐放低，以便确定头部需要多大的支撑。

3. 如果学生暂时能保持稳定，逐渐分开教师的双腿以减轻腿部的压力。如果学生不能保持稳定，教师把双腿并拢，为学生的下肢提供坚定的支撑。

4. 继续缓慢地减轻对学生的支撑，直到学生不再需要侧面的支撑。只用一只手控制学生的头，用另一只手当作安全带防止学生倒向前边。

5. 提供各种有吸引力的物品，鼓励积极坐姿。

6. 如果学生不能保持暂时的稳定，把双腿恢复到更高的位置。

■ 7.05　坐着的时候在帮助下抬起头来

活动主题：坐位抬头

能力要求：视力

兴趣水平：学前

材料：食物奖励

在物理治疗师的指导或帮助下使用或修改。

1. 让学生坐在桌子旁。

2. 把小的食物奖品放在学生的视野内。

3. 把手慢慢举起来，直到学生把头部伸直。

4. 用食物奖励学生。

5. 如果学生没有跟上教师的第一个动作，重新把食物放回学生的视野内。

■ 7.06　用双手支撑自己保持坐姿

活动主题：坐位稳定

能力要求：听力、动手能力

兴趣水平：学前、小学

材料：垫子、拖拉玩具、枕头

在物理治疗师的指导或帮助下使用或修改。

1. 把枕头放在垫子上，并且把玩具放在垫子旁边。

2. 让学生坐在教师双腿之间的枕头上，面朝玩具。

3. 帮助学生拉着玩具的绳子让玩具稍稍离开垫子。

4. 告诉学生，他必须努力"拉住绳子"，这样玩具才不会滑落回去，而教师也得到更多帮助。

5. 让他的手掌压在前边的绳子上。

6. 逐渐撤回教师的双手、双腿和身体。

7. 在教师"回来帮助"之前，改变学生独立坐着的时间。

8. 即使学生暂时成功了，也要感谢他"拉住绳子"。

9. 如果学生因为失去平衡而抬起手从而让玩具滑落，解释说"我们必须从头再来"。

■ 7.07 在步行扶车或学步车上用脚触地

活动主题：踏步

能力要求： 听力

兴趣水平： 学前、小学

材料： 2个吱吱叫的玩具、步行扶车、黑色胶带

在物理治疗师的指导或帮助下使用或修改。

1. 把吱吱叫的装置从旧的填充动物玩具或洋娃娃里取出来。

2. 把学生放在步行扶车或学步车上。

3. 用黑色胶带把吱吱叫的装置固定在学生的鞋底上。

4. 把脚踩在鞋底上，让学生听到吱吱叫的声音。

5. 鼓励学生把脚踩在鞋底上，让他自己弄出这种声音。

6. 继续下去，直到学生发现他可以自己发出吱吱声。

7. 在两只鞋底上使用两种不同的声音，从而鼓励学生反复踏上去。

■ 7.08 用任何方式移动学步车

活动主题：移动学步车

能力要求： 听力

兴趣水平： 学前、小学

材料： 学步车、贴纸或者玩具

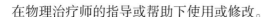

在物理治疗师的指导或帮助下使用或修改。

1. 让学生面朝里围成一圈，根据需要使用学步车。

2. 教师播放音乐，音乐响，学生在学步车里自由活动；音乐停，学生也停止。

3. 教师通过奖励贴纸或玩具的形式表扬表现好的学生，同时鼓励需要继续努力的学生。

■ 7.09　用任何方式把学步车移动到指定位置

活动主题：移动学步车

能力要求：视力、听力、动手能力

兴趣水平：学前、小学、中学生

材料：物品、学步车、情景游戏商店

在物理治疗师的指导或帮助下使用或修改。

1. 准备一些小物品。

2. 用这些物品在一个空旷的小房间里建立模拟"商店"。

3. 整理"商店"里的物品并贴上学生买这些物品所需要的代币。

4. 把学生带到商店，给他看这些物品。

5. 告诉学生，每天可以使用学步车去商店。

6. 告诉学生，教师将要为学生计时，如果他能在特定的时间内到达商店，他就可以得到一定的代币。

7. 随着学生到达商店速度的加快，增加学生的点数。

8. 告诉学生他可以在商店把代币兑换成现金来买日常用品，也可以积累更多的代币，以后用来买更贵的东西。

■ 7.10　在最大限度的支持下站在站立台里

活动主题：站立

能力要求：听力

兴趣水平：学前、小学

材料：站立台

在物理治疗师的指导或帮助下使用或修改。

1. 把站立台放在一个开阔地的中央。

2. 让学生用身体表演音乐，同时根据需要用任何方式来移动。

3. 教师播放音乐，学生自由活动；音乐停止，学生暂停活动。

4. 没有按照游戏规则完成的学生，被"抓住"。

5. 教师要求其站立在站立台里保持2分钟。

6. 时间到，学生被释放，游戏继续。

7. 如果有学生不能够或者不愿意在最大的支持下暂时站在站立台里，继续让另一个学生来练习。

■7.11　在两条带子的帮助下坐在轮椅上

活动主题：坐稳轮椅

能力要求：视力、听力

兴趣水平：学前、小学

材料：镜子

在物理治疗师的指导或帮助下使用或修改。

1. 把学生放在轮椅上，让臀部靠后些，骨盆不要向后倾斜。

2. 让安全带尽可能低而舒适。用教师的上身为学生的上身提供支持，让学生把脚放在脚踏板上。

3. 用宽带子把上半身固定好。

4. 根据需要，用枕头或者卷状毛巾帮助支撑学生的身体侧面和臀部。

5. 把学生放在一个可以在镜子边缘处看到自己的地方。

6. 鼓励学生"保持轮船的稳定"，坐得端正、笔直。

7. 逐渐减少侧面的支持和带子的紧度。

8. 强化练习，让学生体会在镜子中看到自己全貌的喜悦。

9. 纠正学生：帮助学生坐直，并惋惜地表示不然"轮船会翻身哦！"

■7.12　在一条带子的帮助下坐在轮椅上

活动主题：坐稳轮椅

能力要求：视力、听力

兴趣水平：学前、小学、中学生、青少年、成年人

材料：卡片、棋子或其他桌上活动、钟表、墙壁、篮子、涂料、蜡笔

在物理治疗师的指导或帮助下使用或修改。

1. 用带子把学生固定在轮椅上。

2. 学生刚一被固定在轮椅上就开始计时。

3. 在桌子上或画架上活动，或者进行投球活动。

4. 在学生可以看到得分的地方记录时间。

■7.13　在轮椅上抓住轮子边缘

活动主题：抓握轮椅边缘

能力要求：听力

兴趣水平：学前、小学

材料：铃铛或蜂鸣器、胶带或夹钳

在物理治疗师的指导或帮助下使用或修改。

1. 把铃铛或蜂鸣器用胶带或夹钳固定在轮胎的边缘，以便让学生可以够到它。

2. 把学生放在轮椅上。

3. 让学生看蜂鸣器的位置。

4. 帮助学生够到并抓住蜂鸣器。

5. 告诉学生抓住蜂鸣器所在的边缘处。

■7.14　在轮椅上松开抓住轮子边缘的手

活动主题：松开轮椅的手

能力要求：听力

兴趣水平：学前、小学

材料：铃铛或蜂鸣器、胶带或夹钳

在物理治疗师的指导或帮助下使用或修改。

1. 把铃铛或蜂鸣器用胶带或夹钳固定在轮椅的扶手上。

2. 把学生放在轮椅上。

3. 向学生展示怎样让蜂鸣器发出响声。

4. 告诉学生抓住椅子的边缘。

5. 让学生松开抓住椅子边缘的手并且让扶手上的蜂鸣器发出响声。

6. 告诉学生教师将会闭上眼睛听一听他抓住和放开轮子边缘的次数。

7. 逐渐增加对蜂鸣器的评判标准。

■ 7.15 用任何方式移动轮椅

活动主题：移动轮椅

能力要求：视力、动手能力

兴趣水平：学前、小学、中学生

材料：保龄球瓶、衣夹

在物理治疗师的指导或帮助下使用或修改。

1. 让学生坐在轮椅上。

2. 收集几个物品。这些物品至少有脚踏板那么高，并且可以被撞翻。

3. 把这些物品直接放在轮椅前面。

4. 挑战学生，让他向前滚动轮椅，把物品撞倒。

5. 指导学生抓住轮子边缘并向前推。

6. 不断增加轮椅和物品之间的距离。

■ 7.16 用任何方式停住轮椅

活动主题：轮椅刹车

能力要求：视力、动手能力

兴趣水平：学前、小学、中学生

材料：胶带、保龄球瓶

在物理治疗师的指导或帮助下使用或修改。

1. 把一些胶带标识物固定在地板上，间距为50厘米。

2. 在每个标识物上放一个保龄球瓶。

3. 告诉学生用轮椅朝着这些保龄球瓶前进。

4. 让学生在撞翻每个保龄球瓶之前停下来。

5. 对每个"安全"的刹车动作给予表扬。

6. 保持完美刹车动作的得分记录，鼓励学生打破他自己的纪录。

■7.17　通过向前推动和松手的动作把轮椅向前移动

活动主题：轮椅前进

能力要求：视力、听力、动手能力

兴趣水平：小学、中学生

材料：轮椅、遮蔽胶带或粉笔、口哨

在物理治疗师的指导或帮助下使用或修改。

1. 用遮蔽胶带或粉笔在健身房或操场上布置赛场。

2. 用胶带在场地的一端布置终点线。

3. 用胶带布置赛道，间距至少为3米。

4. 至多准备4个赛道。

5. 让轮椅技能较好的学生在起点处排队。

6. 解释推动和松手的前进方法。

7. 告诉学生他们必须沿着赛道前进。

8. 吹响开始比赛的口哨。

9. 根据需要帮助学生。

■7.18　通过向后拉和松手的动作把轮椅向后移动

活动主题：轮椅后退

能力要求：听力、动手能力

兴趣水平：学前、小学、中学生

材料：音乐

在物理治疗师的指导或帮助下使用或修改。

1. 让学生坐在轮椅上并系好安全带。

2. 指导学生把手放在轮椅边缘上靠前的地方。

3. 指导学生紧紧抓住边缘并且把胳膊向后移动。

4. 当学生把胳膊移到身后足够远的地方时，让他松开放在边缘上的手。

5. 准备音乐，通过音乐配合学生向前和向后移动轮椅的动作。

6. 如果学生过早停了下来，停止音乐。

■ 7.19 在轮椅上向右转一圈

活动主题：轮椅右转

要求： 视力、动手能力

兴趣水平： 小学、中学生、青少年

材料： 路标、轮椅、秒表

在物理治疗师的指导或帮助下使用或修改。

1. 把路标或其他物体布置成一个圆圈。

2. 让学生的右边朝向物体。

3. 指导学生绕着这些物体转上一圈而不碰到它们。

4. 示范最佳转动过程。

5. 表扬那些成功转过这个圆而没有碰到物体的学生，不论用时长短。

6. 改变圆的大小或者为学生计时，看看他能否打破以前的时间纪录。

7. 设立迷宫或超越障碍训练场，以便让学生必须左右转弯才能到达终点。

■ 7.20 在轮椅上向左转一圈

活动主题：轮椅左转

能力要求： 视力、动手能力

兴趣水平： 小学、中学生、青少年

材料： 路标、轮椅、秒表

在物理治疗师的指导或帮助下使用或修改。

1. 把路标或其他物体布置成一个圆圈。

2. 让学生的左边朝向物体。

3. 指导学生绕着这些物体转上一圈而不碰到它们。

4. 示范最佳转动过程。

5. 表扬那些成功转过这个圆而没有碰到物体的学生，不论用时长短。

6. 改变圆的大小或者为学生计时，看看他能否打破以前的时间纪录。

7. 设立迷宫或超越障碍训练场，以便让学生必须左右转弯才能到达终点。

■7.21　在轮椅上后退 3 米

活动主题：轮椅后退

能力要求：视力、听力、动手能力

兴趣水平：中学生、青少年、成年人

材料：塑料保龄球瓶、标识物、眼罩、奖品

在物理治疗师的指导或帮助下使用或修改。

1. 标记出赛道的起点线和终点线，并且把塑料保龄球瓶摆成两排。

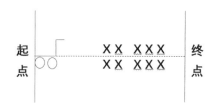

2. 对参与活动的学生进行指导。
3. 把轮椅放在起点线上，让轮椅背对着赛道。（如上图所示）
4. 让学生用轮椅行进在两排保龄球瓶之间而不撞到它们。
5. 对躲过所有保龄球瓶的学生授予徽章。
6. 为学生计时并且让他挑战他自己的纪录，或者蒙住比赛者的眼睛并且让另一个学生为他指引方向。

■7.22　在宽敞的地方用轮椅前进、后退或随意转弯

活动主题：使用轮椅

能力要求：语言、动手能力

兴趣水平：学前、小学、中学生

材料：图画纸、胶带、水彩笔、秒表、纸、前臂

在物理治疗师的指导或帮助下使用或修改。

1. 在室内或游戏区设立超越障碍训练场。
2. 用胶带在地板上为学生布置一条路径。
3. 把胶带的起点涂上绿色代表"开始"，把胶带的终点涂上红色代表"停止"。
4. 示范怎样用轮椅通过超越障碍训练场而不碰到锥形警示标。

5. 让每个学生都有几次练习机会。

6. 准备秒表。

7. 告诉学生，教师将要在他们通过超越障碍训练场的时候为他们计时，每当他们碰到锥形警示标或者偏离规定路线的时候，就要在他们的时间记录上增加额外的时间。

8. 在图表上记录每个学生的时间。

■7.23 在小地方用轮椅前进、后退或随意转弯

活动主题：使用轮椅

能力要求： 视力、听力、动手能力

兴趣水平： 小学、中学生、青少年、成年人

材料： 奖品、黄色胶带、水彩笔、图画纸、教室设备

在物理治疗师的指导或帮助下使用或修改。

1. 在室内用家具设立超越障碍训练场。

2. 用黄色胶带在地板上为学生布置一条路径。

3. 用图画纸制作绿色"宫殿"并把"宫殿"放在这条路的尽头。

4. 告诉学生，他们将要沿着这条黄色的小路前进，并努力到达绿宝石宫殿去见国王。

5. 解释说：为了到达宫殿，学生必须遵照教师的指示并待在这条路上。

6. 示范怎样让轮椅通过超越障碍训练场并遵照指示不偏离这条路。

7. 让每个学生都有机会练习。

8. 告诉学生国王将会用奖品奖励那些成功到达绿宝石宫殿的人。

■7.24 让脚离开脚踏板并把脚踏板放在更高的位置上

活动主题：使用踏板

能力要求： 动手能力

兴趣水平： 小学、中学生、青少年、成年人

材料： 轮椅

在物理治疗师的指导或帮助下使用或修改。

1. 用闸把轮椅固定住。

2. 让学生坐在轮椅上。

3. 让学生抬起一只脚，并把这只脚和另一只脚一起放在另一个脚踏板上。

4. 如果有必要，用手来挪动大腿。

5. 把脚踏板折叠起来。

6. 把另一个脚踏板上的双脚抬起来。

7. 把另一个脚踏板折叠起来。

8. 示范这个过程并解释所有涉及的任务。

9. 让学生在教师的帮助下努力把脚踏板抬高。

10. 逐渐减少帮助。

■7.25 从地板上转移到轮椅上

活动主题：轮椅转移

能力要求： 听力、动手能力

兴趣水平： 学前、小学

材料： 轮椅

在物理治疗师的指导或帮助下使用或修改。

1. 准备一些小物品。

2. 用这些物品在一个空旷小房间里而不是在教室里设立"商店"。物品上要标有代币，学生必须挣得所标的代币才能买到这些物品。

3. 把学生放在地板上。

4. 把轮椅推到学生旁边。

5. 给学生看计时器。

6. 告诉学生教师将要计时，看一看学生用多快的速度坐到轮椅上。

7. 不要让学生太着急。

8. 如果有必要，对学生的粗心行为扣分。

9. 当学生转移位置的时候保护学生的后背。

10. 根据学生从地板上转移到轮椅上的速度奖给学生一些代币，让他们可以用这些代币在"商店"里消费。

■ 7.26　从床上转移到轮椅上

活动主题：轮椅转移

能力要求：动手能力

兴趣水平：小学、中学生、青少年、成年人

材料：轮椅、床

在物理治疗师的指导或帮助下使用或修改。

1. 如果学生自己不能放置轮椅，为他把轮椅放好。

2. 把轮椅尽可能放在靠近床的适当位置上，以便让学生转向他自己比较有力的一侧。

3. 如果有可能，把脚踏板摇下来并且把扶手移走。

4. 确保用刹车固定住了轮椅。

5. 帮助学生或者让学生自己滚到床沿。

6. 帮助学生或者让学生自己坐在床沿上，让他的双腿偏向同一侧。

7. 帮助学生或者让学生自己站起来。

8. 如果有必要，用教师的膝盖挡住学生的膝盖。

9. 让学生转向轮椅。

10. 帮助学生或者让学生自己坐进轮椅。

11. 帮助学生或者让学生自己在轮椅上向后坐。

12. 重新安上扶手和脚踏板。

13. 系好安全带。

■ 7.27　从轮椅上转移到床上

活动主题：轮椅转移

能力要求：动手能力

兴趣水平：小学、中学生、青少年、成年人

材料：轮椅、床

在物理治疗师的指导或帮助下使用或修改。

1. 把轮椅尽可能放在靠近床的适当位置上，以便让学生转向自己身体较灵活的一侧。

2. 用刹车固定住轮椅。

3. 把脚从踏板上拿掉。

4. 如果有可能，把脚踏板摇下来并且把扶手移走。

5. 解开安全带。

6. 把学生拉到轮椅边缘或者让学生自己滑到轮椅边缘。

7. 帮助学生或者让学生自己站起来。

8. 如果有必要，抓住学生的裤腰或腰带以便提供支持。

9. 如果有必要，用教师的膝盖挡住学生的膝盖。

10. 让学生转向床。

11. 帮助学生或者让学生自己坐在床的边缘上。

12. 帮助学生或者让学生自己缓缓地坐在床上。

13. 把学生的双腿转到床上。

14. 把小的奖品放在枕头上面或下面，作为对学生完成任务的奖励。

■7.28　从椅子上转移到轮椅上

活动主题：轮椅转移

能力要求：动手能力

兴趣水平：小学、中学生、青少年、成年人

材料：轮椅、椅子

在物理治疗师的指导或帮助下使用或修改。

1. 让学生坐在椅子上。

2. 把轮椅尽可能放在靠近椅子的适当位置上，以便让学生转向她自己比较有力的一侧。

3. 用刹车固定住轮椅。

4. 把脚踏板放好。

5. 帮助学生或者让学生自己滑到椅子边缘。

6. 帮助学生或者让学生自己站起来。

7. 如果有必要，抓住学生的裤腰或腰带以便提供支持。

8. 如果有必要，用教师的膝盖挡住学生的膝盖。

9. 让学生转向轮椅。

10.帮助学生或者让学生自己坐进轮椅。

11.帮助学生或者让学生自己在轮椅上向后坐。

12.系好安全带。

13.把脚踏板放下来。

14.把双脚放在脚踏板上。

15.鼓励学生的独立性。

16.经常重复并逐渐减少帮助。

第八章 走 动

能够独坐、跪走，借助双杠进行移动且维持平衡

行为标识

俯卧位不会抬头、够物

不会在支撑下坐或者独立坐、不会侧坐

不会跪以及跪走

不会在双杠之间站或者移动

不会借助拐杖上下楼梯

身体重心转移，无法维持平衡

无支持下，独立行走和单脚站立

■8.01　俯卧时把头抬起来

活动主题：俯卧抬头

能力要求：听力

兴趣水平：学前、小学

材料：地毯

在物理治疗师的指导或帮助下使用或修改。

1. 把地毯放在地板上。

2. 让学生俯卧在地毯上。

3. 抚摸学生头部两侧。

4. 通过对着学生谈话或唱歌鼓励他抬头。

5. 一边继续谈话一边抚摸学生的下巴。

6. 施加所需的压力，帮助学生抬起头来。

7. 继续下去，直到学生自愿抬头。

■8.02　俯卧时伸手去够、抓和放开物体

活动主题：俯卧够物

能力要求：视力、动手能力

兴趣水平：学前、小学

材料：楔形垫、玩具

1. 准备楔形垫。

2. 帮助学生俯趴在楔形垫上，两边放好毛巾，防止学生摔下来。

3. 在楔形垫的前面放置吸引学生注意力的物品，召唤学生的名字并移动这个物体来吸引他的眼球。

4. 如果学生没有反应，把他的胳膊移向物体。

5. 鼓励学生抓到物体：让他玩一会儿玩具。

■8.03　在最大支持下坐起来

活动主题：坐位训练

能力要求：视力、动手能力

兴趣水平：学前、小学

材料：地毯、小球

1. 帮助学生发展必要的力量，让学生把身体伸得足够直，从而防止在活动中身体倒向一侧。

2. 让学生仰躺在地毯上。

3. 拿着一个小球跪在学生的脚边。

4. 把球举起来，让学生知道教师要把球放在他左膝旁边的地毯上，从而鼓励学生弯曲身体、伸出手臂试着去击球。

5. 把球放在学生身体的另一侧。

6. 使用关键词"左""右"或"转换"，轻拍相应的那只手来强化方向。

7. 如果学生年龄较小或者严重残疾，慢慢地把球移到新的位置，让他去追踪。

8. 改变球的位置和大小。

9. 增加抓球、滚球、投球和踢球的动作。

10. 用枕头支撑着学生，帮助学生坐起来。

■ 8.04　在最小支持下坐起来

活动主题：坐位训练

能力要求：动手能力

兴趣水平：学前

材料：肋木架或者椅子

1. 将肋木架或椅子放置在学生中央。

2. 让两三个学生坐在肋木架或者椅子周围，帮助他们抓住肋木架或者椅子，让他们在有限的帮助下取得平衡。

3. 学生之间比赛：坐姿正确且时间最长的学生获胜。

■ 8.05　在支持下坐起来并抬起头

活动主题：坐起抬头

能力要求：视力、听力

兴趣水平：学前、小学、中学生

材料：可以去掉衣服的小洋娃娃、安全座椅、小洋娃娃衣服

1. 让学生安全地坐在椅子上并提供必要的支持。

2. 给学生看一个小的去掉衣服的洋娃娃并介绍：现在到了洋娃娃该穿上衣服去上学的时候了，但是它很困，总是睡着。

3. 提示：如果学生能够看着洋娃娃、不让它睡着，这样将会帮助帮助到洋娃娃。

4. 把洋娃娃放在适当的位置，以便让学生必须抬起来才能看到它。开始给洋娃娃穿衣服。每当学生低下头的时候，就停止给洋娃娃穿衣服。

5. 当每一件衣服都穿好之后，感谢学生做了一个好帮手。

6. 每当学生低下头去，就大叫"啊，天哪。洋娃娃就要迷迷糊糊地睡着了"。如果学生让洋娃娃的头垂下去，就说"请教师再次检查一下洋娃娃，好吗？"

7. 增加给洋娃娃所穿衣服的数量和难度，延长学生保持抬头的时间。

■ 8.06　用双手支撑自己保持坐姿

活动主题：维持坐姿

能力要求：动手能力

兴趣水平：学前

材料：地毯

在物理治疗师的指导或帮助下使用或修改。

1. 准备可爱头饰。

2. 把地毯铺在地板上。

3. 让学生坐在地毯上。

4. 把头饰戴在学生的头上。

5. 帮助学生盘腿而坐。

6. 把学生的手放在他的膝上或大腿上。

7. 扶着学生，直到他获得平衡。

8. 撤掉外部支持，为学生的独立"打坐"计时。

9. 敲打小鼓来代替秒表计时，以便让学生知道他是否打破了他自己的纪录。

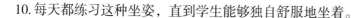

10. 每天都练习这种坐姿，直到学生能够独自舒服地坐着。

■ **8.07　用双手支撑自己独立保持坐姿**

活动主题：维持坐姿

能力要求：视力、动手能力

兴趣水平：学前、小学

材料：Ipad

在物理治疗师的指导或帮助下使用或修改。

1. 准备Ipad。

2. 把Ipad放在地板上，以便让学生看得到它。

3. 让学生在Ipad旁边坐下来并且把双手放在身后作为支撑。

4. 告诉学生如果他保持坐姿，教师将为他放映动画片。

5. 如果学生在坐着的时候倒了，停止动画片的放映。

■ **8.08　坐着的时候无须用双手支撑**

活动主题：坐位训练

能力要求：动手能力

兴趣水平：学前

材料：玩具

1. 让学生保持坐姿并为他提供支撑。

2. 把玩具拿到学生胸部的高度。

3. 鼓励学生伸手去够玩具。

4. 奖励学生，让他玩玩具。

5. 当学生熟练之后，逐渐撤掉对他的支撑。

6. 如果学生开始倒下去，扶住他适当休息，再次练习。

■ **8.09　用双手支撑自己，保持歪向一侧的坐姿**

活动主题：侧坐训练

能力要求：视力、动手能力

兴趣水平：学前

材料：玩具

1. 让学生选择他喜欢看的玩具。

2. 让学生歪向一侧坐着，用他自己的双手作为支撑。

3. 把玩具放在学生前面，以便让他在坐着的时候观察它。

4. 在学生保持坐姿的时候为他计时。

5. 鼓励学生打破他自己的纪录。

■ 8.10　用双手支撑自己，独立保持歪向一侧的坐姿

活动主题：侧坐训练

能力要求：听力、手势语、动手能力

兴趣水平：学前、小学、中学生

材料：垫子

根据需要修改。

1. 学生四肢着地俯撑在垫子上。

2. 引导学生就像是一座吊桥，下面有河水流过；当高大的轮船经过时，他必须抬高自己的身体让轮船得以通过。

3. 指导学生用双手支撑他自己歪向一侧坐着，支持他驾驭自己的骨盆、身体、双手、双腿和头部。

4. 如果有必要，让学生回到垫子上。

5. 学生每次做出理想的姿势，都感谢他保持"吊桥"畅通无阻。

6. 如果学生中途停止了动作，说："哎哟，轮船的烟囱碰到吊桥了"或者"教师能不能抬高一点，这样我就不会弄得教师全身都是烟灰"。

7. 用玩具轮船增加视觉提示或者增加听觉提示，如"左右左右"，从而改变起始位置、帮助程度和身体部位。当学生用双手支撑自己的时候，用不同的音高和不同次数的嘟嘟声来提示学生把身体抬高或者降低或者表明"轮船"的高度。

■8.11 歪向一侧坐着而无须双手支撑

活动主题：侧坐训练

能力要求：听力、动手能力

兴趣水平：学前、小学

材料：珠子、细绳

1. 准备珠子和带子。

2. 让学生歪向一侧坐着。

3. 把细绳和珠子交给学生。

4. 坐在学生后面。

5. 在整个过程中指导学生。

6. 让学生自己用细绳把珠子串起来，并在无须双手支撑的情况下继续保持坐姿。

7. 鼓励学生制作项链并戴上它。

■8.12 保持跪着的姿势

活动主题：跪位训练

能力要求：走动

兴趣水平：学前、小学、中学生、青少年、成年人

材料：垫子、镜子、作业纸、星星

1. 学生跪在软垫上。

2. 提供镜子，让学生可以立即对自己的动作进行自我评估。

3. 教师示范姿势并让学生模仿。在此期间，给学生讲述"一只睡觉的猫"的故事。它刚刚醒来，决定用这种方式或那种方式舒展一下自己。

4. 表扬"好猫"并根据需要提供帮助。

5. 如果学生没有达到足够的平衡或者没能做出同样的姿势，教师用双手扶着学生的髋部，以便让学生感受到正确的体位。

6. 换成另一条腿。

7. 表演其他动物走路，从地上起来并伸展四肢。

■8.13　独立跪下来

活动主题：独立跪

能力要求：视力、动手能力

兴趣水平：学前、小学

材料：带抽屉的课桌、玩具

1. 准备左右两边都有抽屉的课桌。

2. 把一些让学生惊喜的物品放在上面的两个抽屉里，或者放在学生只有跪下来才能够到的抽屉里。

3. 让学生站在桌子前边的地板上。

4. 跪下来、打开一个抽屉、拿出让学生惊喜的物品，并且把它展示给学生。

5. 让学生轮流打开不同的抽屉。

6. 如果学生能够跪下来并且自己找到玩具，让他玩一玩这个物品。

7. 根据需要提供帮助，但是要把玩具重新放回去并告诉学生自己去拿。

8. 如果学生成功了，鼓励他再试一次并让他玩玩具。

■8.14　在最大的支持下向前跪着走

活动主题：跪走训练

能力要求：走动

兴趣水平：学前、小学、中学生

材料：软垫、镜子、作业纸

1. 提供学生软垫。

2. 提供镜子，让学生可以立即对自己的动作进行自我评估。

3. 为学生示范跪走的正确姿势。

4. 辅助学生跪走，并且表扬逐渐正确的动作，直到学生能够把这个动作保持一分钟。

5. 当学生能够像骆驼那样蜷着身子的时候，挑战他试着用膝盖着地向前、向后和向左右移动。

■8.15 在最小的支持下向前跪着走

活动主题：跪走训练

能力要求：听力、动手能力

兴趣水平：学前、小学、中学生

材料：3米长的软垫、3米的绳索或绳子

1. 把一根3米长的绳子放在3米长的软垫上。

2. 教师跪在软垫的一头，让学生跪在软垫的另一头。

3. 解释说：软垫代表一条没有桥的河。这条河太宽了，游不过去，但是河上有绳子。

4. 让学生抓住他旁边的绳子头，这样教师就可以帮助他跪着横渡这条"河"。

5. 交替使用双手，慢慢地拉绳子。给学生一些时间来向前移动并且把绳子拉紧，以便让绳子为学生提供支持。

6. 如果学生没有摔倒，祝贺他安全过河。

7. 鼓励学生努力直起上身，避免碰到河里的岩石。

8. 改变垫子和绳子的长度或者改变教师的用力大小；让学生自己交替使用双手，把某个东西顶在头上、放在背包里或拿在一只手里；或者把绳子的一头拴在坚固稳定的物体上，让学生独立练习。

■8.16 自己向前跪着走

活动主题：跪走训练

能力要求：动手能力

兴趣水平：学前、小学

材料：组合玩具、积木或拼图

1. 激发学生对组合玩具、积木或拼图的兴趣。

2. 把组合玩具、积木或拼图的一部分放在垫子的中央，把其余部分放在末端。

3. 指导学生把玩具或拼图拼在一起或者搭积木。

4. 帮助学生或者让学生自己跪着走。

5. 让学生在跪着走的时候，把玩具或拼图的组成部分从一个地方带到另一个地方重新集合起来。

■8.17　用双杠作为支撑、保持站姿

活动主题：站位训练

能力要求：听力

兴趣水平：学前、小学、中学生

1. 把学生的轮椅或椅子放在双杠的一端。

2. 告诉学生如果他遵守规则，他可以通过站在双杠之间，把双杠当作汽车来开。

3. 介绍：绿灯意味着"前进"，红灯意味着"停下"。

4. 当他很快到达红灯处的时候，他必须"停车"——坐下来；当绿灯亮的时候，他可以继续"开车"。

5. 让学生试着在教师的口头提示下开车。

6. 当学生正确地保持站姿的时候，告诉学生他是一名好司机。

7. 提醒学生：或许有汽车喇叭声，就像其他司机在他后面一样，这种情况下，他应该暂缓站立或者很快坐下来。

8. 改变绿灯的时间长度，使用黄灯或增加视觉教具。

■8.18　用双杠作为支撑，让自己站起来

活动主题：站位训练

能力要求：动手能力

兴趣水平：学前、小学、中学生

材料：彩色的脚的图样、双杠

1. 设立双杠。

2. 把两个大的彩色脚印放在双杠中间。

3. 帮助学生跪在双杠中间的脚印后面。

4. 让学生抬起一只脚，把那只脚放在适当的脚印上。

5. 鼓励学生在站起来的时候用双手承重并下压。

6. 在学生用双腿承重的时候，让他把另一只脚放在脚印上。

7. 奖励学生：学生完成奖励贴纸，独立粘贴；如果学生做不到，最初的时候扶着他的身体，以防摔跤。

■8.19 在靠着双杠站立时，把重心从一边转移到另一边

活动主题：转移重心

能力要求： 听力、动手能力

兴趣水平： 学前、小学、中学生

材料： 双杠

1. 把轮椅或椅子放在双杠的一端，让学生坐在上面。

2. 教师与学生玩"听指令做动作"的游戏，比赛谁的动作最快最正确。

3. 说"右手拍右腿"，学生的右手拍自己的右腿。

4. 说"手抓右双杠"，让学生的右手抓住右侧的双杠。

5. 说"右手高高抬"，让学生的右手在空中扇一下，然后回到右侧的双杠上。

6. 说"左手拍左腿"，让学生的左手拍自己的左腿。

7. 说"左手抓双杠"，让学生的左手抓住左侧的双杠。

8. 说"左手高高抬"，让学生的左手在空中扇一下，然后回到左侧的双杠上。

9. 学生首先坐着和教师一起练习。

10.熟练之后，学生站在双杠之间和教师一起练习。

■8.20 把重心从身体的一侧转移，抬起另一只脚，然后放回到地板上或双杠上去

活动主题：转移重心

能力要求： 走动

兴趣水平： 学前、小学、中学生、青少年

材料： 平衡板

在物理治疗师的指导或帮助下使用或修改。

1. 把平衡板放在软垫中央

2. 让学生站在平衡板上，双脚分开站立，与肩同宽，重心在骨盆之间转移。

3. 如果学生站的时候不能保持足够的平衡，让学生背靠墙壁站着。

4. 根据学生的能力，把站立的时间延长到1分钟。

5. 提醒学生保持抬头、直背。

■8.21 把重心从身体的一侧转移，抬起另一只脚在双杠上向前移动

活动主题：转移重心

能力要求：视力、听力、手势语、动手能力

兴趣水平：小学、中学生、青少年

材料：小球、胶带、钢笔、铅笔

在物理治疗师的指导或帮助下使用或修改。

1. 把4根胶带沿着双杠的每一侧贴在底板上，间距为10厘米。

2. 在每根胶带上分别标记为"第一关卡、第二关卡、第三关卡"和"第四关卡"。让"第一关卡"离学生最近，"第四关卡"离学生最远。

3. 告诉学生每根胶带代表所标记的关卡，每个球代表一个队员，他把球踢多远就要前进多远。

4. 解释说：如果他没有把球踢到第一关卡，他就出局，出局3次后他就要换另一条腿。

5. 让其他学生站在双杠之间，把轻型的小球滚到他跟前。

6. 记录分数。

7. 多鼓励学生。

8. 告诉学生：落后的一队需要再打几个热身球，指导学生的腿部动作或者帮助学生转移重心。

9. 使用不同的颜色或运动员名字为小队命名，记录跑动得分，记录击球率，喊出视力残疾的队员得分，或者改变各个关卡之间的距离。

■8.22 在双杠之间横着走，一只脚在前，另一只脚跟上来

活动主题：侧向迈步

能力要求：视力、动手能力

兴趣水平：小学、中学生、青少年

材料：胶带

1. 把胶带做成几个"X"粘贴在双杠的底板上或地板上，间距要适当。

2. 告诉学生：假装底板是一条河，"X"是露出水面的石头，为了在过河的时候不把衣服弄湿，他必须只踩在石头上。

3. 示范怎样继续前行：横向单脚踩着"石头"，另外一只脚沿着其中的一条杆横着走。

4. 让学生"快点横过"。

5. 祝贺学生"没有沾上水滴"。

6. 如果学生有困难，告诉他：他必须"抬腿"或"伸腿"去够"石头"。

7. 改变步幅、方向、"X"与双杠的距离，或者使用更多精心设计的"石头"，或者让学生把东西顶在头上、放在背包里、拿在手里，以增加难度。

■8.23　在别人的帮助下，在双杠之间向前走几步

活动主题：支撑下行走

能力要求： 听力、手势语、动手能力

兴趣水平： 小学、中学生、青少年

材料： 几个凳子

在物理治疗师的指导或帮助下使用或修改。

1. 沿着双杠的一侧摆放几个大小适当的凳子，间距为3到4步。

2. 设定规则：每个凳子代表快快递休息站，学生可以在这里休息片刻并换骑一辆车继续送快递。

3. 让学生和教师一起站在双杠的一端，当他有了"车"的支持后，让他努力走向第一个休息站，他可以进入休息站休息。

4. 祝贺学生成功到达每一个休息站。

5. 鼓励学生采取必要的步骤，或者走上前去然后再走开，同时说："快递必须通过。"

6. 调整凳子数量或不同类型的支持，或者凳子之间不同的间距。

■8.24　独立在双杠之间向前走几步

活动主题：支撑下行走

能力要求： 听力、手势语、动手能力

兴趣水平： 学前、小学、中学生

材料： 双杠、胶带

1. 在地毯的两边使用两条胶带模仿街道。

2. 让学生站在双杠的一端。

3. 从双杠的另一端进去，鼓励学生向前走向街道，一起玩游戏。

4. 当学生迈出两步的时候很快为他提供支持，告诉他：教师很高兴他能够横过街道，现在教师们可以一起玩了。

5. 如果学生开始时是依靠双手爬过来的，警告他走路要小心。

6. 增加难度：改变距离，让"街道"在双杠的另一端，或者要求学生独自转身。

■8.25 在双杠之间走过去

活动主题：行走训练

能力要求： 视力

兴趣水平： 学前、小学

材料： 胶带、玩具动物、盒子或其他封闭的容器

1. 用胶带沿着双杠和底板粘贴手印和脚印，并且为手和脚的放置留出适当的间距。顺序是：左手、右脚、右手、左脚。

2. 重复这样的顺序。

3. 把玩具动物放在置于双杠另一端的容器里。

4. 让学生沿着脚印或者手印寻找动物。

5. 改变步子的间距、步子的角度、动物的数量和种类；提高难度；单脚跳到门口或者纵身跳过门口。

■8.26 在双杠之间转身

活动主题：转身

能力要求： 视力、听力、动手能力

兴趣水平： 学前、小学

材料： 双杠、较小的发声玩具

在物理治疗师的指导或帮助下使用或修改。

1. 让学生站在双杠之间，但不要站在尾端。

2. 面向学生蹲下来，问他是否想要看教师表演跳动的蟋蟀。

3. 把教师的双手攥紧伸到学生面前，一边摊开手一边说："哎呀，它跳出去了。"迅速地把一只手窝成杯状并放在教师左边的横杆处，这个位置也是在学生右手的前边。

4. 让学生在原地站稳，然后帮助学生向横杆转移，以便用左手"捂住蟋蟀"。而教师应该适时地帮助她把左手伸过来。

5. 就在学生的手开始代替教师的手"捂住蟋蟀"的时候，让"蟋蟀"再次跳出去。这一次要沿着同一条横杆，以便让学生的"右手"必须移"回去"才能"捂住蟋蟀"。

6. 继续按照这样的顺序练习，让学生面向横杆，左手几乎挨着右手，伸出右手去够另一条横杆，然后把身体全部转过来。

7. 鼓励学生完成练习，同时说"蟋蟀走了"。

■8.27 在双杠之间倒着走

活动主题：倒走

能力要求：听力、动手能力

兴趣水平：小学、中学生、青少年、成年人

在物理治疗师的指导或帮助下使用或修改。

1. 在学生走完双杠的长度后，让他停下来。

2. 告诉学生另一列火车就要来了，所以教师必须把他转到不同的轨道上，但是为此他必须退回到进行转换的地方。

3. 告诉学生"放轻松，一次迈一步"，同时指导学生用左腿—右手—右腿—左手的顺序向后退。

4. 让学生继续后退。

5. 告诉学生"现在足够远了"，同时表演用推拉杆来控制轨道。告诉学生：教师现在处在畅通无阻的轨道上了，教师可以再次向前走。

6. 如果学生弄乱了顺序或者需要帮助，一边帮助他挪动腿部，一边告诉他："不要让左后轮偏离轨道运行。"

7. 改变对学生的距离要求或者减少支持程度。

8. 学生完成后及时奖励。

■8.28　在拐杖的支撑下站立

活动主题：支撑下站立

能力要求：视力、动手能力

兴趣水平：学前、小学、中学生、青少年、成年人

材料：遮蔽胶带、垫子

1. 让学生坐在垫子上。

2. 用两只手分别抓住学生的两个拐杖的把手，并且把拐杖放在学生面前。

3. 向学生展示两个拐杖之间的适当距离，通常比他的双肩略宽。

4. 用胶带做成的两个"X"在地板上标出拐杖所在的两个地方，并且告诉学生这两个"X"和支撑腿的另一个"X"组成一个三角形。

5. 帮助学生根据三个"X"的位置，站起来并且扶着他。

6. 向学生展示：当他和双拐形成最适当的三角形的时候，轻度的推挤难以把他撞倒，从而让学生获得信心。

7. 根据需要向学生提供帮助，让他感受到：如果姿势不正确，就很容易失去平衡。

8. 逐步减少支持和增加推力。

■8.29　在一分钟内走过教室的长度

活动主题：独立行走

能力要求：走动、听力、动手能力

兴趣水平：学前、小学、中学生、青少年、成年人

材料：节拍器

在物理治疗师的指导或帮助下使用或修改。

1. 准备一个节拍器。当学生在一分钟内走过教室的长度时，学生每迈出一步就敲出一个节拍。

2. 示范如何跟上节拍器的节奏。

3. 让学生走得很慢，以便适应所设定的节奏和模式。

4. 适当加快节拍器的节奏。

5. 指出节奏的变化并表扬学生能跟着节拍前进，从而对他进行鼓励。

6. 在安静的房间里练习，以便让学生更容易听到节拍器的声音。

7. 教师还可以使用鼓点、有节奏感的音乐，或者选用配乐的歌词或诗歌。

■8.30 借助拐杖上下楼梯

活动主题：上下楼梯

能力要求：视力、听力

兴趣水平：学前、小学、中学生

材料：2件重家具、结实的盒子或书（5厘米高）

在物理治疗师的指导或帮助下使用或修改。

1. 让学生站在2件重家具之间。让家具的侧面略高于学生拐杖的把手。

2. 把结实的盒子或5厘米厚的书放在学生前面的地板上。

3. 解释说：为了当上"超人"，他必须跳起来走到盒子做成的"宝座"上。

4. 示范跳跃动作：用两只手撑着家具的两个表面，同时伸直肘部，头部和上身向着脚部弯曲。

5. 带着学生跳跃：用一只手把他的腰带向上提，用另一只手扶着他的上半身的前面。

6. 示范快速摆动，双脚一离开地面就直起上半身和头部并努力让骨盆前倾，从而让双腿向前摆动到盒子上。

7. 带着学生摆动：用一只手在前边提起他的上半身，另一只手在后边把他的骨盆向前推。

8. 学生每次跳到盒子上都授予他"超人"的称号。

9. 帮助改进学生的动作：适时地用关键词"跳跃"和"摆动"来提醒他双臂均衡用力并调整与盒子之间的距离。

10. "非常缓慢地"减少对学生的帮助、增加盒子的高度；改用双杠、楼梯双侧扶手、单侧扶手、一个拐杖，最后使用双拐。

■8.31 无须支持，把重心从身体的一侧转移到另一侧；单脚站立暂时保持平衡

活动主题：维持平衡

能力要求：走动

兴趣水平：学前

材料：房间

1. 让学生站在房间的角落里。
2. 让学生扶着两面墙壁站着。
3. 向着墙壁轻轻地推拉学生，然后再用推拉动作使他离开墙壁。
4. 移动学生，从而让他必须通过转移重心来保持平衡。
5. 如果情况允许，让学生离开墙壁。
6. 告诉学生独立站一会儿。
7. 再次开始推拉学生。
8. 温和而用力地推学生，让他必须一次抬起一只脚来保持平衡。
9. 鼓励学生完成练习。
10. 活动由易到难：开始时用跪姿练习"推拉"，然后进展到站姿。

■8.32 无须支持，向前迈出几步

活动主题：无支撑行走

能力要求：走动

兴趣水平：学前

材料：可伸缩的晾衣绳

根据需要改编。

1. 让学生扶着桌子或柜台站立。
2. 把可伸缩的晾衣绳拴在学生的腰上。
3. 攥着绳子的一头，站在离学生15到20厘米的地方。
4. 让学生一边把绳子拉向自己一边走到教师跟前。

5. 如果学生严重前倾，迅速把绳子向上拉。

6. 如果学生严重后倾，迅速把绳子向下拉。

7. 把绳子用作安全纽带和辅助设备，帮助学生保持稳定。

8. 挑战学生，让他每次都试着向前多走一步。

■8.33 无须支持，在一分钟内走过教室的长度

活动主题：无支撑行走

能力要求： 走动、视力、听力

兴趣水平： 学前、小学、中学生

材料： 油布、奖品、鼓、棍子

1. 用耐用的材料剪出24到30个40厘米长的左、右脚的脚印。

2. 让其中的4到5个脚印有着不同的鲜艳的色彩。

3. 把脚印连续地放在地板上。

4. 把鲜艳的脚印间歇地沿着小路放好。

5. 让学生站在一对脚印上，左脚站在左脚的脚印上，右脚站在右脚的脚印上。

6. 告诉学生每次听到击鼓就向前迈一步。

7. 学生每次把脚落在颜色鲜艳的脚印上就进行奖励。

8. 学生如果不能跟上鼓点，教师示范步法。

9. 继续使用不同的速度和节奏游戏。

10. 教师还可以用脚印对学生进行跨越障碍训练。

■8.34 无须支持，单脚站立保持平衡 3~5 秒钟

活动主题：无支撑，单脚站立

能力要求： 走动

兴趣水平： 学前、小学、中学生、青少年、成年人

材料： 作业纸、地毯或结实的垫子、照相机、镜子、星星

在物体治疗师的指导或帮助下使用或修改。

1. 准备一个铺有地毯或结实的垫子的安静场所。

2. 提供镜子让学生可以立即进行自我评估。

3. 为每个学生提供一份成长记录册子。

4. 告诉学生努力用他们的身体扮成一棵树。

5. 教师示范正确的站姿或者试着和他们做一些活动。

6. 如果学生自己没有足够的平衡力，把教师的双手轻轻地放在他的髋部，以便让他感觉到正确的位置。

7. 通过给学生拍照，奖励学生做出了正确姿势。

8. 当学生成功地摆出姿势时，把学生的照片附在成长记录册上，并让他保留照片。

9. 每天重复练习。

第九章 游 泳

通过合理的呼吸，变换姿势进行游泳

 行为标识

无法适应水中运动；不敢进入泳池

不会在水中运动；横过泳池、水中游戏

不能完成呼吸训练

不会在水中漂浮以及漂浮之后维持稳定

不会向前、向后滑行

不会从甲板跳入水中

■9.01　坐在游泳池的第一层台阶上，在水中踢脚

活动主题：心理调适—进入泳池

能力要求：视力、听力、动手能力

兴趣水平：学前、小学

材料：可洗的洋娃娃、小毛巾、游泳池、塑料盆、大毛巾

1. 把塑料盆装满游泳池里的水并把它放在台阶附近的甲板上。

2. 让学生了解塑料盆里的水：和学生一起看、闻、摸、尝。

3. 把洋娃娃给学生，让他把洋娃娃放在塑料盆里，让洋娃娃踢水，之后把洋娃娃擦干。

4. 辅助学生站在塑料盆里，用脚溅水。

5. 把塑料盆放在第一层台阶上。

6. 让学生坐在甲板上，把脚放在塑料盆里。

7. 告诉学生在塑料盆里踢脚，让水溅出来。

8. 把塑料盆向下挪到第二层台阶上。

9. 告诉学生移到第一层台阶。

10.把学生的脚放进塑料盆里，让他用脚拍打盆里的水。

11.把塑料盆拿走，让学生在池子里踢脚。

12.如果学生表示不想继续玩的时候，帮助他擦干身体。

13.如果学生在指定的台阶上突然因害怕止步不前，可以向后退一层台阶并重复练习。

■9.02　坐在游泳池的第二层台阶上踢水

活动主题：心理调适—进入泳池

能力要求：视力、听力

兴趣水平：学前、小学

材料：游泳池、游泳圈

1. 让学生坐在第一层台阶上，同时把他的脚放在第二层台阶上。

2. 询问学生能否够到他的脚趾，从而把他的胳膊和胸部弄湿。

3. 用游泳圈在第三层台阶上做标记。

4. 询问学生能否用他的脚趾够到游泳圈。

5. 向学生展示怎样坐在第二层台阶的侧面。

6. 如果有必要，提供帮助。

7. 让学生在第二层台阶的侧面伸腿并且踢水。

8. 把学生转过来，让他把脚放在游泳圈上。

9. 指导学生放松地踢脚。

10.不要强迫学生在某个指定的台阶上练习。

■ 9.03　向自己身上洒水

活动主题：心理调适—戏水

能力要求： 视力、听力、动手能力

兴趣水平： 学前、小学

材料： 游泳池

1. 让学生坐在游泳池的第二层台阶上。

2. 告诉学生，教师将要"人工降雨"。

3. 把双手浸到水里，把手上的水抖落在游泳池的表面，从而制造"雨滴"。

4. 让学生把他的手浸到水里，在游泳池里制造"雨滴"。

5. 把水洒在学生的头上。

6. 让学生把水洒在教师的头上。

7. 让学生把水洒在他自己的头上。

8. 和学生一起玩游戏，放松心情。

9. 课后允许学生自由戏水。

■ 9.04　站在水中

活动主题：进入泳池

能力要求： 走动、视力、听力、动手能力

兴趣水平： 学前、小学、中学生

材料： 游泳池、有重力的玩具

1. 让学生慢慢地进入游泳池，一次站在一层台阶上。

2. 如果学生犹豫或者害怕，把教师的脚放在台阶上，以便让学生感受到教师的脚或者站到教师的脚旁。

3. 当学生到达最后一层台阶时，把玩具放在游泳池池底，以便让他"看到"池底。

4. 让学生扶着游泳池的边缘、走向玩具旁边的池底。

5. 如果学生犹豫，允许他站在教师的脚上。当他更有信心的时候，让他独立走向池底。

6. 课后允许学生自由戏水。

■ 9.05　在帮助下横过游泳池

活动主题：横过泳池

能力要求：走动、视力、听力、动手能力

兴趣水平：学前、小学、中学生

材料：游泳池

1. 告诉学生，教师将和他一起玩游戏。

2. 让学生站在浅水中。

3. 面向学生站着，背对着教师想要去的方向。

4. 让学生抓住教师的手。

5. 允许学生跟着教师慢慢地向后退。

6. 唱或者说："×××正在拖东西，（学生的名字），当心前方。"

7. 让学生说"嘟嘟、嘟嘟"或者说一些相似的话，帮助他克服恐惧。

8. 当学生到达对岸的时候对他给予表扬。

9. 转过身来，回到起点。

10. 当学生获得信心的时候，移到更深的水中，但水面不要超过学生的上腹部。

■ 9.06　无须帮助，横渡过游泳池

活动主题：横渡过泳池

能力要求：走动、视力、听力、动手能力

兴趣水平：学前、小学、中学生

材料：游泳池、6个游泳圈

1. 让两个学生在浅水中挨着游泳池壁排列。

2. 每个学生的后面放置3个游泳圈。

3. 向学生解释游戏方法：看谁先把身后的3个游泳圈拿到对岸，每次拿一个游泳圈横过游泳池。

4. 教师宣布游戏"开始"。

5. 让每个学生拿着一个游泳圈横渡过游泳池，放在对岸，然后返回来取另一个。

6. 让助手紧跟在每个学生后面大声鼓励他们，并在学生滑跤时扶住他们。

7. 游戏结束后教师评价，第一个把3个游泳圈都拿到对岸的学生就是获胜者。

8. 当学生获得信心后，移到较深的水中尝试。

■9.07　让自己被带进水中

活动主题：进入水中

能力要求：视力、听力

兴趣水平：学前、小学、中学生

材料：游泳池

1. 让学生坐在游泳池边缘，双脚悬在水中。

2. 教师介绍游戏：水中旋转木马

3. 引导学生用双腿盘在教师的腰间用胳膊抱住教师脖子。

4. 告诉学生教师将要搂住他的腰，把他抱起来。

5. 抱着每个学生走进游泳池。

6. 在水中旋转，让学生的肩膀在水中忽上忽下。

7. 如果学生紧张，可以一边唱歌一边游戏。

8. 如果时间允许，带着每个学生做类似于旋转木马的活动。

9. 努力让每个学生信任教师并且在水中放松，为日后成功的游泳教学活动打下基础。

■9.08　在水中吹泡泡

活动主题：水中游戏

能力要求：视力、动手能力

兴趣水平：学前、小学、中学生、青少年、成年人

材料：吸管、水上玩具等

1. 让学生站在水中。

2. 向学生介绍：摩托艇泡泡游戏

3. 为学生示范：用吸管在水中吹泡泡。

4. 让学生充当摩托艇。

5. 学生比赛，看哪个摩托艇跑的时间最长。

6. 教师还可以让学生一边横过游泳池一边吹泡泡。

7. 教师评价：第一个到达对岸的学生就是获胜者。

■9.09　把脸浸到水中

活动主题：呼吸训练

能力要求：听力

兴趣水平：学前、小学

材料：游泳池、温水

1. 引导学生在水中放松心情。

2. 和学生一起跪在浅水中并紧紧抓住台阶。

3. 让学生在水中吹泡泡。

4. 和学生一起假装洗脸：双手窝成杯状，捧起水泼到脸上，

5. 告诉学生教师们要玩一个更有趣的躲猫猫游戏。

6. 引导学生把脸浸到水中。

7. 询问"（学生的名字）在哪里"。

8. 让学生把头从水中抬起来。

9. 大叫"（学生的名字）在这里"。

10.重复上述活动，直到学生有信心把脸浸到水中。

■9.10　在水中进出 5 次、屏息

活动主题：呼吸训练

能力要求：走动、视力、听力、动手能力

兴趣水平：学前、小学、中学生

材料：游泳池

1. 让学生在齐腰深的水中手拉手围成一圈。

2. 每次一个学生，并且和他一起练习深呼吸，然后在水中进出5次。

3. 直到所有的学生都和教师一起练习。

4. 指导学生一边玩游戏一边唱儿歌。

5. 告诉学生：当儿歌停止时，每个人都要拉着手、深呼吸、浸入水中。

6. 增加浸入水中的次数，直到学生连续在水中进出5次。

■ 9.11　把头没入水中、屏息 10 秒钟

活动主题：呼吸训练

能力要求：走动、视力、听力、语言、动手能力

兴趣水平：学前、小学、中学生、青少年、成年人

1. 让学生走入1米深的池子。

2. 让学生手拉手围成一圈。

3. 告诉学生把手放下来并站着不动。

4. 告诉学生"听"儿歌，但是"不要"动。

5. 把这首诗歌重复两次："×××在游泳池里，这么安静。难道你不愿意出来吗？我愿意。"

6. 告诉学生：听到数字"三"时，把脸没入水中，教师唱儿歌。

7. 让学生继续待在水下，等他们听到"难道你不愿意出来吗？"，就跳起来并且说"我愿意。"

8. 允许成功完成动作的学生轮流说儿歌。

■ 9.12　在水下睁开眼睛

活动主题：呼吸训练

能力要求：走动、视力

兴趣水平：学前、小学、中学生、青少年、成年人

1. 塑封一大张色彩鲜艳的画。

2. 把学生带到水中。

3. 把画放入水中，反面朝上。

4. 引导学生把头没入水中、看一看这张画。

5. 把这张画正面朝上。

6. 让学生从水里出来，并说一说看到了什么。

■9.13　寻回水下的物体

活动主题：呼吸训练

能力要求： 走动、视力、动手能力

兴趣水平： 学前、小学、中学生

材料： 2个宝藏箱、美分、塑料小人、易下沉的物体

1. 在池子的一边向学生展示"宝藏"。

2. 发给每个学生一个"宝藏箱"，或者把全班分成2组，发给每组一个大箱子。

3. 告诉学生：他们将要寻宝，并且需要把"宝藏"带回来，装满他们的"宝藏箱"。

4. 把"宝藏"分散在池子里。

5. 让所有学生一起开始在池水中寻宝。

6. 指出寻回最多"宝藏"的学生或小组就是获胜者。

7. 教师还可以使用更小的物体充当宝藏，或者让学生蒙上眼睛，然后让他们分头寻宝。

■9.14　在水中进出 5 次，有节奏地呼吸

活动主题：呼吸训练

能力要求： 视力、听力

兴趣水平： 学前、小学

材料： 玩偶匣

1. 准备一个玩偶匣。

2. 向学生展示玩偶青蛙怎样从匣子里跳出来。

3. 把学生带到池子里。

4. 让学生试着充当玩偶青蛙。

5. 指导学生没入水中，然后突然"跳出"5次。

6. 提醒学生在跳出来的时候呼气和吸气。

7. 在课程结束的时候，允许学生玩一玩这个玩偶匣。

■9.15 表演章鱼漂浮，还原至站姿

活动主题：平衡控制

能力要求：走动、视力、动手能力

兴趣水平：学前、小学

1. 让学生像章鱼那样把手摊开和合拢。

2. 告诉学生：我们将要带着章鱼去海底散步。

3. 引导学生站着并把章鱼似的手放在大腿上。

4. 引导学生：章鱼需要走跳板才能到达海底。

5. 指导学生弯腰让章鱼从跳板上走下来。

6. 表扬那些努力让章鱼到达海底的学生。

7. 在齐胸的水中重复练习。

■9.16 表演海龟漂浮，还原至预备姿势

活动主题：平衡控制

能力要求：走动、视力、听力、动手能力

兴趣水平：学前、小学、中学生

材料：大环

1. 引导学生在池子里站着围成一个大圈。

2. 示范海龟漂浮：俯卧并且把膝盖抬至胸部。

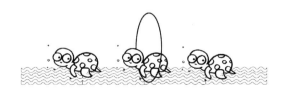

3. 向学生展示一个空心大环。

4. 教师示范像海龟那样漂浮，并且让身体穿过大环。

5. 教师指导每个学生尝试。

6. 引导学生运用海龟漂浮的方法让身体穿过大环。

7. 教师说明游戏规则：学生按序玩穿过大环，教师转身吹口哨，当口哨响起，手握大环的学生就"出局"。

8. 游戏中最后一个剩下来的学生就是获胜者。

9.17 狗刨式划水

活动主题：漂浮练习

能力要求：听力、动手能力

兴趣水平：学前、小学

材料：游泳划水掌

1. 选择适合学生的划水掌，并且为学生佩戴好。

2. 让学生把手指分开，在水中移动，体验一下划水的感觉。

3. 指导学生划水。

4. 教师与学生比赛：进行划水游戏。

5. 规定时间内划水次数越多获胜。

9.18 练习向前漂浮

活动主题：漂浮练习

能力要求：走动、视力、听力、语言、动手能力

兴趣水平：学前、小学、中学生、青少年、成年人

1. 指导学生走到1米深的池子里。

2. 引导学生蹲下来，直到肩膀浸在水里。

3. 拿起学生的手，和他面对面。

4. 当学生被拉着在池子里移动、同时脸部始终露出水面的时候，指导学生学习向前倾斜、让双腿水平漂浮。

5. 让学生屏息并且一次把脸浸入水中2到3秒钟。当学生建立起信心的时候，

把时间延长。

6. 继续下去，直到学生能够在水中漂浮、同时拉着教师的手获得安全感。每次练习的时间不超过5分钟。

■9.19 练习向后漂浮

活动主题：漂浮练习

能力要求：走动、听力、动手能力

兴趣水平：学前、小学、中学生、青少年、成年人

材料：棒

1. 让学生坐在池子最高层的台阶上。

2. 让学生适应池水：假装用池水洗脸、脖子、胳膊和胸部。

3. 指导学生坐着的时候向下移动到第二层台阶上。

4. 引导学生向后倚靠在最高层台阶上，就好像躺在床上，让腿和脚漂浮在水面上。

5. 引导学生在水中把头枕在最高层台阶上，让腿仍然处于漂浮的姿势，用双手支撑自己。

6. 引导学生假装睡着了，用"魔法"封住每个醒着的学生。

7. 让成功完成动作的学生帮助教师数一数其他学生。

■9.20 向前和向后漂浮的时候恢复站姿

活动主题：漂浮练习

能力要求：听力

兴趣水平：学前、小学

材料：泳池

1. 把学生带入池中。

2. 让学生向前漂浮。

3. 告诉学生假装他是一只泄气的气球，让他的脚沉下去，直到接触池底。

4. 告诉学生双脚一触地就站起来。

5. 教师根据需要提供帮助。

6. 用同样的方法练习在向后漂浮的时候恢复站姿。

■9.21　练习向前滑行 1 到 2 米

活动主题：滑行练习

能力要求：走动、视力、听力、动手能力

兴趣水平：学前、小学、中学生、青少年、成年人

材料：小的漂浮玩具

1. 让学生面向台阶站在1米深的池子里，距离台阶大约2米。
2. 把小的漂浮玩具放在台阶附近的池子边缘处。
3. 让学生蹲下来，直到肩膀浸在水里。
4. 告诉学生肩并肩地把胳膊伸到身体前边的水面上，双手合十。
5. 告诉学生深呼吸、把头低到双臂之间、脸向下、眼睛看着池底、向前倾斜，让双腿和身体漂浮在水面上。
6. 让学生以台阶和玩具为目标。
7. 在重复练习之前，允许学生玩几秒钟玩具。

■9.22　练习用腿部打水、向前滑行 1 到 2 米

活动主题：滑行练习

能力要求：走动、视力、听力、动手能力

兴趣水平：学前、小学、中学生、青少年、成年人

材料：小的漂浮玩具

1. 教师扶住学生上半身，学生漂浮在水中。
2. 学生双腿保持笔直，双脚微微内八字。
3. 开始打腿，保持脚总有一只在水的表面，打出白色的水花。
4. 提示学生正确打水动作：大腿带动小腿的髋关节发力。
5. 教师与学生保持1~2米的距离，引导学生用正确的腿部打水姿势向前滑行，直至抓住老师。

■9.23 练习向后滑行 1 到 2 米

活动主题：滑行练习

能力要求：走动、动手能力

兴趣水平：学前、小学、中级学生、青少年、成年人

材料：有浅水区的游泳池

1. 让学生走到1米深的游泳池里。

2. 告诉学生像蝴蝶一样伸出胳膊。

3. 告诉学生蹲下，直到肩部与水齐平。

4. 让学生把头部向后仰，下巴向着天空，胳膊像蝴蝶一样伸展。

5. 让学生继续向后仰，直到双腿水平地漂浮在水上、胳膊向外展开、肩膀在后、下巴向着天空、脸露出水面。

6. 教师站在学生后边，右手抓住他的下巴，左手托住他的头轻轻地向后拉，直到他的双腿漂起来。

7. 重复下去，直到学生能够至少漂30秒钟。

■9.24 练习用腿打水，向后滑行 1 到 2 米

活动主题：滑行练习

能力要求：走动、动手能力

兴趣水平：学前、小学、中级学生、青少年、成年人

材料：有浅水区的游泳池

1. 教师带着学生进入泳池。

2. 教师示范仰卧在水面上，用腿打水，双臂划水，身体后退。

3. 教师扶住学生的躯干，引导学生双臂划水，用腿打水向后退。

4. 教师逐渐放开学生，引导学生独立完成。

■9.25 双腿分开、从甲板上跳入水中，不让头部浸在水中

活动主题：滑行练习

能力要求：走动、视力、听力、动手能力

兴趣水平：学前、小学、中学生、青少年、成年人

材料：沉入水中的玩具

1. 教师引导学生站在甲板上。
2. 双脚分开20~30厘米。
3. 教师在学生落水区域放置玩具。
4. 引导学生躯干前倾，膝关节微屈，双臂垂直，掌心向后，头部抬起
5. 轻轻跳入水中，保持头部不浸入水中。
6. 孩子跳入水中后，教师及时打捞水下玩具奖励孩子。
7. 重复多次练习，直到熟练掌握跳水动作。

■9.26 双腿分开，从甲板上跳入水中，离开池底并滑动

活动主题：跳水

能力水平：走动、视力、听力、语言、运动能力 **兴趣水平**：小学、中学生、青少年、成年人

材料：水中玩具

1. 教师引导学生站立在甲板上，双脚分开。
2. 跳水准备姿势：弯腰，双手往前伸，头也低下去，和手臂高度持平。
3. 跳水时，两腿弯曲，脚掌用力蹬，跳入水中并向前滑行。
4. 孩子跳入水中后，教师及时打捞水下玩具奖励孩子。
5. 重复多次练习，直到熟练掌握跳水动作。

■9.27 通过踢腿和划水向前滑行

活动主题：向前滑行练习

能力要求：四肢协调能力、视力、听力、动手能力

兴趣水平：学前、小学、中学生、青少年、成年人

材料：水中玩具

1. 教师带着学生进入泳池。
2. 示范在水中通过四肢向前滑行。

3. 握住学生的手，和他面对面站立，引导学生深吸一口气，身体向前倾入水中。

4. 老师拉住学生的手，学生进行漂浮，用脚进行打水练习。

5. 熟练掌握打水动作后，放开学生的手，扶住学生的躯干，引导学生用手臂进行交替划水。

6. 动作熟练之后，引导学生同时用脚打水，向前滑行。

9.28 通过踢腿和划水向后滑行

活动主题：向后滑行练习
能力要求：四肢协调能力、视力、听力、动手能力
兴趣水平：学前、小学、中学生、青少年、成年人
材料：水中玩具

1. 老师带着学生进入泳池。

2. 示范在水中通过四肢向前滑行。

3. 握住学生的手，和他面对面站立，深吸一口气后，身体向后倒入水中。

4. 老师拉住学生的手，学生漂浮在水上，用脚进行打水练习。

5. 掌握打水动作后，放开学生的手，扶住学生的躯干，学生用手臂进行交替划水。

6. 动作熟练之后，引导学生同时用脚打水，向后滑行。

9.29 从前向后，从后向前滑行

活动主题：水中滑行练习
能力要求：四肢协调能力、视力、听力、核心控制能力
兴趣水平：学前、小学、中学生、青少年、成年人
材料：水中玩具、标志物

1. 老师带着学生进入泳池。

2. 引导学生观察泳池起点和终点标志。

3. 引导学生在水中同时用手和脚滑行。

4. 邀请更多的学生参与滑行比赛，先到终点的学生获胜。

■9.30　在向前滑行时，练习胳膊和腿的配合运动

活动主题：四肢协调能力训练

能力要求：四肢协调能力、视力、听力

兴趣水平：学前、小学、中学生、青少年、成年人

材料：水中玩具

1. 老师带着学生进入泳池。
2. 老师示范在水中向前滑行时胳膊和腿的动作，并进行口令指引动作。
3. 口令1是进行左胳膊向下划水，同时进行脚打水。
4. 口令2是进行右胳膊向下划水，同时进行脚打水。
5. 学生在水中向前滑行过程中，教师进行报口令，学生根据口令进行胳膊和腿的协调运动。

■9.31　在向后滑行时，练习胳膊和腿的配合运动

活动主题：四肢协调能力训练

能力要求：四肢协调能力、视力、听力

兴趣水平：学前、小学、中学生、青少年、成年人

材料：水中玩具

1. 老师带着学生进入泳池。
2. 老师示范在水中向后滑行时胳膊和腿的动作，并进行口令指引动作。
3. 口令1是进行左胳膊向上划水同时进行脚打水。
4. 口令2是进行右胳膊向上划水同时进行脚打水。
5. 学生水中向后滑行过程中，教师进行报口令，学生根据口令进行胳膊和腿的协调运动。

■9.32　在浅水中俯泳 5 米、头部露出水面

活动主题：游泳练习

能力要求：走动、视力、听力、语言、运动能力

兴趣水平：学前、小学、中学生、青少年、成年人

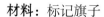

材料： 标记旗子

1. 引导学生走到1米深的池子里并面向前方。

2. 学生身体向前倾，头部露出水面，双脚用力向后蹬泳池壁。

3. 借助蹬力，完全伸展开身体，手臂向前，双脚向后，向前游动。

4. 向前游出5米，双臂向后方划动。

5. 组织学生进行比赛，先到终点获胜。

9.33　在浅水中仰泳5米

活动主题：游泳练习

能力水平： 走动、视力、听力、语言、运动能力

兴趣水平： 学前、小学、中学生、青少年、成年人

材料： 标记旗子

1. 指导学生走到1米深的池子里并面朝泳池壁背对前方。

2. 引导学生下蹲，然后深吸一口气，身体后倒，后脑沉入水中，保证脸部在水面以上，双脚用力蹬泳池壁。

3. 借助蹬力，完全伸展开身体，手臂向前，双脚向后，向前游动。

4. 等到已经不再向前游动时，双手双腿同时运动，双腿打水，伸直的双臂向身体侧后方打水。

5. 重复双臂双腿打水的动作，直至向前游动5米。

9.34　用坐姿从甲板上跳入水中

活动主题：跳水

能力水平： 走动、视力、听力、语言、运动能力

兴趣水平： 小学、中学生、青少年、成年人

材料： 水中玩具

1. 引导学生走到甲板上。

2. 引导学生沿着甲班边坐下，双脚自然悬空下垂。

3. 听到教师指令后，学生身体向前倾，面向游泳池水面。

4. 此时深吸一口气，双臂伸直并合拢于头顶，双手向前破开水面。

5. 身体下落，完全没入水面。

■9.35 用跪姿从甲板上跳入水中

活动主题：跳水

能力水平： 走动、视力、听力、语言、运动能力

兴趣水平： 小学、中学生、青少年、成年人

材料： 水中玩具

1. 引导学生跪在甲板上，身体面向泳池方向。
2. 听到教师指令后，学生身体向前倾，面向游泳池水面。
3. 引导学生深吸一口气，双臂伸直并合拢于头顶，指尖向前破开水面。
4. 身体下落，完全没入水面。

■9.36 从坐姿潜入水中，横向游过游泳池

活动主题：游泳练习

能力水平： 走动、视力、听力、语言、运动能力

兴趣水平： 小学、中学生、青少年、成年人

材料： 水中玩具

1. 引导学生走到泳池深水区横向岸边上。
2. 引导学生沿着岸边坐下，双脚自然悬空下垂。
3. 听到教师指令后，学生身体向前倾，面向游泳池水面横向方向。
4. 引导学生深吸一口气，双臂伸直并合拢于头顶，指尖向前破开水面。
5. 身体下落，完全没入水面。
6. 身体向下前方倾，双臂在身体前方自然向身体后方拨动水，直至整个身体完全没入水中。
7. 放平身体，向前游动，横向穿过整个泳池，直至泳池的另一侧。

■9.37 从与水面齐高的地方跳水

活动主题：跳水练习

能力要求： 走动、跳跃能力、视力、听力

兴趣水平： 学前、小学、中学生、青少年、成年人

材料： 水中玩具

1. 引导学生缓慢走到1米深的泳池边，观察泳池是否有人，无人可以开始准备，有人则需等待或清场。

2. 在跳水之前，通过交流和示范建立学生自信心，缓解学生紧张的情绪状态。

3. 要求学生的双脚靠在泳池边缘10cm处，并保持身体稳定。

4. 听到教师口语指令后，引导学生利用自身跳跃能力，双膝弯曲带动身体，向泳池跳入。

5. 在跳入过程当中保持身体放松，双手放在身体两侧。

6. 继续下去，每次可以练习5~8次左右，每跳一次可以进行3分钟左右的休息。

■9.38　在浅水中俯泳 5 米、有节奏地呼吸

活动主题： 游泳训练

能力要求： 憋气能力、游泳能力、听力、视力、走动、语言

兴趣水平： 小学、中学生、青少年、成年人

材料： 水中玩具

1. 指导学生走到1米深的游泳池边上。

2. 引导学生进行游泳前的热身活动，包括头部、手部、腿部和全身活动，防止水中抽筋等情况。

3. 指导学生正确安全下水，与学生并排准备。

4. 利用后脚蹬泳池边缘作为初始动力，指导学生两臂并拢前伸，随之向两侧对称划开、向后向内依次呈弧形划水路线，至胸前迅速向前回伸完成划水。

5. 两腿同时屈膝、收腿，翻脚掌后对称向侧后方作弧形鞭状蹬夹水。

6. 一次划臂配合一次蹬腿和一次呼吸，构成一个完整动作周期。

7. 老师全程伴随在学生周围，为学生建立自信，并引导学生游至5米以上。

8. 每次练习5米，结束一次练习后可在水中放松慢走或蹲走3分钟，完成3~5次。

■9.39 在浅水中游泳时，从俯泳改为仰泳，再从仰泳改为俯泳

活动主题：泳姿转换

能力要求：憋气能力、仰泳能力、俯泳能力、听力、视力、语言、走动

兴趣水平：小学、中学生、青少年、成年人

材料：水中玩具

1. 指导学生走到1米深的泳池边上，确保泳道无人。
2. 引导学生进行游泳前的热身活动，包括头部、手部、腿部和全身活动，防止水中抽筋等情况。
3. 引导学生正确安全下水，与学生并排准备。
4. 首先进行俯泳活动，引导学生正确俯泳和换气，老师在周围保证安全的同时进行口语指令，完成5米左右的俯泳活动后稳定学生的身体，继而进行仰泳活动。
5. 完成5米左右的仰泳活动后稳定学生的身体，继而再次进行俯泳活动，要求在转换过程当中学生的身体完全浸在水中。
6. 以上为一个循环，完成一个循环后可在水中慢走或蹲走作为放松，时间3分钟左右。
7. 继续下去，确保学生安全的前提下，可以进行3~5次循环。

■9.40 在俯泳和仰泳时改变方向

活动主题：改变方向

能力要求：憋气能力、仰泳能力、俯泳能力、听力、视力、语言、走动

兴趣水平：小学、中学生、青少年、成年人

材料：水中玩具

1. 指导学生走到1米或1米5的泳池边上，确保左中右3泳道无人。
2. 引导学生进行游泳前的人身活动，包括头部、手部、腿部和全身活动，防止水中抽筋等情况。
3. 引导学生正确安全下水，与学生并排准备。
4. 首先进行俯泳练习，引导学生俯卧水面，两臂并拢前伸，随之向两侧对称划开、向后向内依次呈弧形划水路线，至胸前迅速向前回伸完成划水。两腿同

时屈膝、收腿，翻脚掌后对称向侧后方作弧形鞭状蹬夹水。要求腿臂始终在水下动作，一次划臂配合一次蹬腿和一次呼吸，构成一个完整动作周期。

5. 完成3~5米俯泳练习后，老师发出改变方向指令，学生利用手部划水改变方向，老师肢体辅助学生移动身体，继续进行俯泳练习。

6. 同上，仰泳练习时通过老师指令要求利用手部及身体划水改变移动方向。

7. 完成5~10米练习后，可以进行水中慢走或蹲走作为放松，时长3分钟左右，每组可进行3~5个来回。

■9.41 踩水 1 分钟；踩水 5 分钟

活动主题：踩水训练

能力要求：四肢协调能力、视力、听力

兴趣水平：学前、小学、中学生、青少年、成年人

材料：水中玩具

1. 教师带着学生进入泳池，面对面站立在水中。

2. 教师示范踩水动作：人直立水中，两腿交替上提下踩，保持身体不沉。

3. 教师稳定学生上半身，引导学生做踩水动作。

4. 熟练之后，要求学生独立踩水。

5. 邀请多位学生参与进行踩水比赛。

■9.42 用 1 至 2 种游泳姿势纵向游过游泳池

活动主题：泳姿练习

能力要求：走动、视力、听力、语言、动手能力

兴趣水平：学前、小学、中学生、青少年、成年人

材料：水中玩具

1. 指导学生走到1米深的泳池里。

2. 教师示范1至2种游泳姿势。

3. 学生观察说出泳姿的名称。

4. 教师示范使用泳姿1，纵向游过泳池。

5. 学生使用泳姿1纵向游过泳池。

6. 到达对岸，教师指导学生，纠正泳姿。

7. 换泳姿2，继续练习，每种泳姿练习时，教师注意鼓励学生，创造机会展示技巧，增强信心。

■9.43　从低跳板上潜入水中

活动主题：潜水练习

能力要求：走动、跳跃、视力、听力、语言、动手能力

兴趣水平：学前、小学、中学生、青少年、成年人

材料：水中玩具

1. 指导学生走到泳池旁。

2. 教师讲解示范潜水动作要领以及注意事项。

3. 学生岸上练习，教师面对面指导。

4. 指导结束后，教师走向低跳板进行动作示范。

5. 学生跟随进行潜水练习，教师注意练习环境是否安全。

6. 练习过程中强调潜水安全问题，确保潜水区足够深而且未被占用，并适当鼓励学生，创造机会展示技巧。

■9.44　从跳板上弹跳起来、潜入水中

活动主题：弹跳潜水练习

能力要求：走动、跳跃、视力、听力、语言、动手能力

兴趣水平：学前、小学、中学生、青少年、成年人

材料：水中玩具

1. 指导学生走到泳池旁。

2. 教师讲解示范跳板弹跳动作要领以及注意事项。

3. 学生岸上练习，教师面对面指导。

4. 指导结束后，教师走上跳板进行动作示范。

5. 学生跟随进行跳板潜水练习，教师注意练习环境是否安全。

6. 练习过程中强调潜水安全问题，确保潜水区足够深而且未被占用，并适当鼓励学生，创造机会展示技巧。

■9.45　用各种游泳姿势纵向游过游泳池

活动主题：泳姿练习

能力要求： 走动、视力、听力、语言、动手能力

兴趣水平： 学前、小学、中学生、青少年、成年人

材料： 水中玩具

1. 指导学生走到1米深的泳池里。

2. 教师示范多种游泳姿势。

3. 学生观察说出泳姿的名称。

4. 教师示范使用泳姿1，纵向游过泳池。

5. 学生使用泳姿1纵向游过泳池。

6. 到达对岸，教师指导学生，在用泳姿1过程中，需要改进的地方。

7. 更换更多泳姿，继续练习，每种泳姿练习时，教师注意鼓励学生，创造机会展示技巧，增强信心。

■9.46　在水下纵向游过游泳池

活动主题：纵向游泳

能力要求： 走动、视力、动手能力

兴趣水平： 中学生、青少年、成年人

材料： 1斤重的沙袋

1. 确保学生可以在深水中安全地游泳。

2. 让学生练习在水下游泳，以便确认他们掌握了这项技能。

3. 把沙袋放在距离池子边缘5米的水中。

4. 使用深水区并仔细监管，让学生们从池边潜入水中去寻回沙袋。

5. 逐步把沙袋移到更远的地方，直到学生们纵向游过整个游泳池。

6. 教师还可以组织竞赛或者寻物游戏。

7. 奖励学生自由游泳时间。

■9.47　游过 20 米、100 米、200 米、400 米

活动主题：游泳练习

能力要求： 走动、视力、听力、动手能力

兴趣水平： 学前、小学、中学生、青少年、成年人

材料： 小旗

1. 教师在泳池20米、100米、200米和400米的地方放置不同颜色的小旗。
2. 鼓励学生使用不同的泳姿游泳。
3. 按照学生的能力设置目标，要求学生完成目标。
4. 达到目标的同学可以得到相应颜色的小旗进行奖励。
5. 通过比赛和游戏鼓励学生多练习，达到新的目标。

■9.48　正确使用救生衣和其他浮选设备

活动主题：使用浮选设备

能力要求： 走动、视力、动手能力

兴趣水平： 中学生、青少年、成年人

材料： 救生衣以及其他浮选设备

1. 教师展示救生衣或者其他浮选设备。
2. 教师示范正确使用泳衣：将救生衣套在颈上，把两长方形浮力袋放置胸前，缚好颈带；将缚带向下收紧，再向后交叉；将缚带拉到前面穿过扣带环扎紧。
3. 教师为学生穿好泳衣。
4. 引导学生进入泳池并且尝试自己漂浮，体验泳衣的作用。
5. 带领学生穿着泳衣在池中玩游戏。
6. 鼓励学生尝试其他浮选设备感受漂浮。

■9.49　穿泳装游泳，用泳装作为支持

活动主题：穿泳装游泳

能力要求： 走动、视力、动手能力

兴趣水平：中学生、青少年、成年人

材料：泳装

1. 教师展示不同的泳装：连体和分体泳装。

2. 邀请学生穿着不同的泳装。

3. 学生4人为一组，分别占据1~4道泳池。

4. 鼓励学生穿泳装水中"走秀"或者游泳。

5. 引导学生表达穿泳装游泳的感受。

■9.50 用不同方式帮助另一个陷入困境的游泳者

活动主题：水中救援

能力要求：走动、视力、动手能力

兴趣水平：中学生、青少年、成年人

材料：浮板、救生圈、救生衣

1. 选择1名学生假扮溺水者，在泳池中呼救。

2. 教师示范逐渐靠近溺水者，离溺水者50厘米。

3. 将浮板、救生圈或者救生衣的一头扔给溺水者，让其抓住。

4. 抓住浮板、救生圈或者救生衣的另一头，慢慢将溺水者拖上岸。

5. 告诫学生只要有其他方法将溺水者拉到岸上，就不要下水去施救。

第十章　精细运动——感知

通过触觉、嗅觉和听觉等感知觉感知物品

 行为标识

无法抓握、释放物品

无法双手敲击

手腕无法完成旋转、前后移动等动作

不能完成手腕、手臂运动

不能完成视觉—整合运动

无法感知物体的位置

无法通过触觉感知物体并且进行配对

不能通过嗅觉和味觉线索，寻找物体

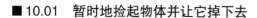

■ **10.01　暂时地捡起物体并让它掉下去**

活动主题：抓握、释放练习

能力要求：动手能力

兴趣水平：学前

材料：楔形物、托盘、串珠

1. 把串珠放在托盘上。

2. 让学生俯卧在楔形物上。

3. 确保学生的手很容易落在托盘中。

4. 让学生的手在串珠中移动。

5. 帮助学生捉住和释放串珠。

6. 通过在串珠中移动学生的胳膊和手来增加学生的兴趣，以便促使学生抓取串珠。

■ **10.02　捡起并拿着物体**

活动主题：抓握、释放练习

能力要求：动手能力

兴趣水平：学前

材料：小块儿海绵、水、托盘、楔形物

1. 把小块儿海绵放在托盘上，海绵中含有少量水以便保持湿润。

2. 让学生俯卧在楔形物上。

3. 确保学生的手很容易落在托盘中

4. 在托盘中移动学生的手，让他抓、挤压和释放海绵。

5. 当学生自己挤压海绵的时候，表现出很兴奋的样子。

6. 如果学生显得不情愿，再次示范并移动学生的手。

■ **10.03　捡起物体，放进嘴里舔食和吮吸**

活动主题：抓握、吸吮练习

能力要求：视力、动手能力

兴趣水平：学前、小学

材料： 酸奶等奶制品、奶嘴

在物体治疗师的指导或帮助下使用或修改。

1. 把奶嘴和食物放在盖着的托盘里。

2. 和学生一起在够得着托盘的地方玩耍。

3. 把学生的手移向托盘。

4. 鼓励学生抓住物体。

5. 帮助学生把抓住的物体放进嘴里。

6. 示范和模仿吮吸和舔食的嘴部动作。

7. 观察学生的吮吸和舔食动作。

8. 用学生喜欢的其他食物来代替上述食物。

■ 10.04　捡起一个物体并用它重击另一个物体

活动主题：敲击练习

能力要求： 动手能力

兴趣水平： 学前

材料： 会出声的玩具

1. 收集可以放在学生手里的小手电筒、门铃、拨浪鼓、玩具汽车和小铃铛。

2. 把所有物体都放在清理过的桌子上。

3. 一次抓起一个物体，用它击打桌子，欣赏这个情景和响声。

4. 观察学生，看他最喜欢哪个玩具。

5. 把几个玩具放在学生容易够着的地方，鼓励他抓起一个。

6. 和学生一起玩，每个人都抓起玩具并击打它。

■ 10.05　捡起一个物体并在手中转动它

活动主题：手腕左右摇晃

能力要求： 听力、语言、动手能力

兴趣水平： 学前、小学

材料： 气球、食物奖励、铃、沙子、大米

在物理治疗师的指导或帮助下使用或修改。

1. 准备3个气球（在气球周围仔细监管）。

2. 把4到5块儿食物放进2个气球里，如：麦圈或苹果片。

3. 在另一个气球里装满铃铛或沙子，以便在摇晃气球时发出反差强烈的响声。

4. 向学生展示如何捡起、拿住和摇晃气球听声音。

5. 当学生摇晃带有食物的气球时，把同样的食物奖励给他。告诉他：如果他能够找到另一个发出同样声音的气球，他就可以获得另一份食物奖励。

6. 允许学生摇晃气球。

7. 如果学生想要得到气球里的食物，让他把气球放在教师的手里。

8. 通过调整气球里的食物，帮助学生学会让声音相匹配。

9. 加大难度：增加需要识别的声音，改变气球的颜色或者大小和形状。

■ 10.06　捡起一个物体并扔掉它

活动主题：手腕前后运动

能力要求：视力、听力、动手能力

兴趣水平：学前、小学

材料：豆袋、柔软的玩具、布、铃

1. 准备一些布袋和小的铃铛。

2. 把铃铛缝在一个布袋上。

3. 给学生看这个布袋并摇晃它，让学生可以听到铃声。

4. 如果学生自己没有伸手拿布袋，帮助他把布袋拿在手里。

5. 把一个类似的袋子扔掉，同时说"扔掉它"；期待学生模仿这个动作。

6. 如果有必要，帮助学生扔袋子。

7. 把袋子捡起来。

8. 再次把它们扔掉，说"扔掉它"，并听一听铃声。

9. 让学生"扔掉它"。

10. 改用小的橡胶球、柔软的玩具、布做的球或彩色卷纸。

■ 10.07　捡起一个物体，搓、捏、轻拍它或把它弄光滑

活动主题：手腕旋转

能力要求：视力、听力、动手能力

兴趣水平：学前、小学

材料：挤压发声玩具

1. 准备一个在挤压时会发声的玩具。

2. 让学生坐在地板上。

3. 给学生看这个玩具。

4. 捏和搓这个玩具，以便让学生听到声音。

5. 把玩具放在学生旁边。

6. 拿起学生的手并捡起玩具。

7. 帮助学生挤压和用手搓这个玩具。

8. 把玩具放回到地板上。

9. 提示学生把玩具捡起来，挤压和揉搓它。

■ 10.08　捡起一个物体，把一些部件拿下来或者装上去

活动主题：手臂运动

能力要求：动手能力

兴趣水平：学前

材料：气球、胶带、食物奖励

1. 给气球充气至中等大小或难以弄破的程度。

2. 把双面胶粘在气球的表面上。

3. 把薯片等食物碎片粘在双面胶上。

4. 给学生看食物奖品，告诉他：气球上粘着类似的食物。

5. 示范怎样在气球表面上寻找食物。

6. 允许学生把他能够取下来的食物吃掉。

7. 如果学生寻找食物碎片时有困难，一开始让食物碎片挨得很近。

■ 10.09　把物体翻过来并转动它

活动主题：手臂运动

能力要求：听力、动手能力

兴趣水平： 学前、小学

材料： 用过的唱片、纸板、胶水、细绳、棉布或墙纸

1. 收集旧唱片。

2. 把唱片的一面涂上胶水。

3. 把棉布或纸敷在唱片上，并修剪一下边缘。

4. 用同样的方法加工唱片的另一面。

5. 在唱片的一面粘上一根细绳，以便把它悬挂在树上或游乐设备上。

6. 示范怎样让唱片快速转动。

7. 看一看学生能用多快的速度旋转唱片或者让多少唱片旋转起来。

8. 增大难度：让学生把颜色或图案类似的唱片相匹配，或者伴着节奏感强的音乐来旋转唱片。

9. 用这个活动来训练视力低下的学生。

■ 10.10　把物体拿到有光的地方

活动主题：视觉训练

能力要求： 视力、听力、动手能力

兴趣水平： 学前、小学

材料：玩具、纸袋、手电筒

1. 准备4个不熟悉的玩具。

2. 把玩具放在纸袋里。

3. 把手电筒固定在天花板上。

4. 让学生坐在手电筒下。

5. 让房间变暗。

6. 把纸袋递给学生。

7. 让学生从纸袋中拿出一个玩具。

8. 询问学生这个玩具是什么。

9. 让学生描述这个玩具。

10. 当学生充分描述了上一个玩具后，让他从纸袋中拿出另一个玩具。

11.当学生识别出所有的玩具后，允许他玩一玩这些玩具。

■ 10.11　推拉物体

活动主题：视觉—运动整合

能力要求：动手能力

兴趣水平：学前、小学

材料：两个小汽车、小纸盒、打孔机、小积木、细绳

1. 向学生展示怎样用小汽车推动小积木。

2. 把小汽车和小积木交给学生，让他模仿。

3. 重复"推"的动作。

4. 如果有必要，把教师的手放在学生的手上，帮助他推动汽车和积木。

5. 推动几块积木，或者在桌子边缘上推动一块积木，或者把积木推入容器中。

6. 把带有细绳的小纸盒栓在小汽车上，当作拖车。

7. 拉小汽车和它的拖车。

8. 把小汽车和拖车交给学生。

9. 让学生拉小汽车和拖车，必要时提供帮助。

10.把积木放进拖车里，并拉动拖车。

11.增加更多的拖车，让活动富于变化。

■ 10.12　坐在或站在物体上和物体中

活动主题：方位感知

能力要求：走动

兴趣水平：学前、小学

材料：报纸、眼罩

1. 收集旧报纸。

2. 用报纸和胶带在地板上建造小路。

3. 开始的时候是一条直路，接下来建造一条更加复杂的路。

4. 用眼罩蒙住学生的眼睛。

5. 让学生脱掉鞋子，走上小路。

6. 告诉学生努力待在纸路上，用双脚感受报纸的质地。

7. 如果学生从小路的一头走到了另一头，并且没有完全偏离报纸，对他给予奖励。

■ **10.13　坐在或站在物体下方**

活动主题：方位感知

能力要求： 走动、视力

兴趣水平： 学前、小学

材料： 细绳、轻的可以挂起来的物体、物体图片、微型物体

1. 提前准备一个房间：在房间的两面墙之间拴上细绳，绳子比教师和个子最高的学生高出30厘米。

2. 让学生们帮助在绳子上挂一些有趣的东西，如：星星、滑梯、树、秋千、椅子、桌子、勺子或叉子等的图片。这些东西可以是真的、图片或微型的。

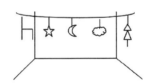

3. 为学生示范：一边把星星图片挂起来，一边说："我正坐在星星下方。"

4. 当教师坐在每个物体图片下方的时候，说出物体的名字。

5. 让每个学生都有机会"坐"在物体图片下方。

6. 继续为学生示范，同时说："我正站在星星下方。"

7. 当教师站在每个物体图片下方的时候，说出物体的名字。

8. 让每个学生都有机会"站"在物体图片下方。

9. 向学生发出口头指示：把这些物体图片打乱顺序，然后让学生"坐"或"站"在每个物体图片下方。

10. 如果学生出了错，重复提示"坐"或"站"。

11. 如果学生仍然有困难，让他和教师一起"坐"或"站"。

12. 组织游戏，允许做出正确反应的学生向下一个学生发出指令。

■ 10.14　探索湿物体的密度、阻力、结构和温度

活动主题：触觉感知

能力要求：听力、动手能力

兴趣水平：学前

材料：容器、小物品

1. 在容器里倒入足够的水，让水面高于冰块、海绵、乒乓球、木块或岩石，或者让这些物体可以浮起来。

2. 把容器放在外面或盛水盆里。

3. 把3到5个物品放在水里，允许学生触摸和探索它们。

4. 在学生玩这些物品的时候，说出它们的名字并讨论它们的性质。

5. 让学生找到"冷的、圆的"或"漂浮的"物品。

6. 增大难度：蒙上学生的眼睛，然后再让他们触摸指定的物品。

■ 10.15　指出刚刚被别人碰触过的身体部位

活动主题：触觉感知

能力要求：视力、听力、语言、动手能力

兴趣水平：学前、小学

材料：黑色图画纸、剪刀、胶带、眼罩

1. 用胶条和黑色图画纸做一个可以戴在"小丑"头上的圆锥形帽子。

2. 让学生在地板上围坐成一圈，双腿像椒盐卷饼那样盘起来。

3. 选一个学生充当"小丑"。

4. 教给学生下列儿歌："小丑身上有个地方痒，小丑身上有个地方痒。小丑哪里痒呢？"

5. 让这个学生戴着小丑的帽子坐在圆圈中央。

6. 指导学生在背诵这首儿歌的时候有节奏地交替拍手和拍膝盖。

7. 练习几次。

8. 让"小丑"闭上眼睛。

9. 在学生背诵儿歌的时候触摸"小丑"的身体部位。

10. 让"小丑"挠一挠教师所碰过的身体部位。

11. 让所有学生挠一挠自己的那个身体部位。

12. 选不同的学生充当"小丑"。

13. 让学生在挠自己的时候说出相应的身体部位的名字。

■10.16　通过触觉线索把尺寸相似的物体进行匹配

活动主题：触觉感知

能力要求：听力、语言、动手能力

兴趣水平：学前

材料：卷筒芯、罐头盒、岩石、蜡笔、盖子、短袜、牙膏管、洋娃娃的衣服、孩子的衣服、书

1. 收集大的和小的类似的物品，如：洋娃娃的衣服和孩子的衣服。

2. 比较衣服的尺寸，同时说"大"和"小"。

3. 让学生拿着洋娃娃的衣服在自己身上比量一下，以此表明：洋娃娃的衣服非常小。

4. 拿出所有物品。

5. 让学生看着处理它们。

6. 鼓励学生根据物品的大小分类。

7. 拿走一些物品，只剩下2个大的和2个小的。

8. 蒙住学生的眼睛，让他找到2个小的物品。

9. 通过增加物品的数量来加大难度。

■10.17　通过触觉线索把长度相似的物体进行匹配

活动主题：触觉感知

能力要求：语言、动手能力

兴趣水平：学前、小学、中学生

材料：盒子、刀子、吸管、池子、铅笔、细绳、蜡笔、勺子、围巾、书

1. 收集长的和短的物体。

2. 找到一个大的足够装下这些物体的盒子，在盒子的一侧剪出一个可以让手伸进去的孔，并且装饰一下这个盒子。

3. 把一个长的物体和一个短的物体放在学生前面的桌子上。

4. 用"长"和"短"来讨论每个物体的长度。

5. 让学生拿起并触摸每个物体。

6. 把这些物体放进盒子里。

7. 让学生把手从孔里伸进去摸一摸这些物体，眼睛不看它们。

8. 让学生找出一个短的物体并把它拿出来。

9. 加大难度：让学生在拿出一个物体之前告诉教师它的长度。

10. 用几套物体重复练习。

11. 教师还可以蒙住学生的眼睛或者让学生把手放在身后，然后把物体放在他的手里。

10.18 通过触觉线索把直的和弯曲的相似物体进行匹配

活动主题：触觉感知

能力要求：视力、听力、动手能力

兴趣水平：学前、小学、中学生

材料：报纸、颜料、刷子、面粉、水、咖啡罐

1. 准备报纸、水、罐头盒、面粉和颜料。

2. 让学生把报纸放在桌子上。

3. 准备报纸纸浆：把面粉和水搅成糨糊。

4. 把报纸撕成条状。

5. 让学生用报纸纸浆制造弯曲的和直的物体。

6. 让学生给这些物体涂色。

7. 把所有的物体收集起来。

8. 把这些物体放进盒子里。

9. 一次把一个学生的眼睛蒙起来。

10. 让每个学生匹配所有直的物体和所有弯曲的物体。

■ 10.19 通过触觉线索把方形和圆形的相似物体进行匹配

活动主题：触觉感知

能力要求：动手能力

兴趣水平：学前、小学

材料： 不织布、砂纸、纸板、糨糊、剪刀、水彩笔、2张标签纸

1. 用不织布和纸板分别剪出3个15cm×15cm的正方形。

2. 用砂纸和纸板分别剪出3个半径为15cm的圆。

3. 把所有的圆和正方形分别粘贴在适当的纸板上。

4. 在一张标签纸上画一个大的正方形，在另一张标签纸上画一个大的圆形。

5. 把不织布做的正方形粘贴在标签纸上所画的正方形中央，把砂纸做成的圆粘贴在标签纸上所画的圆形中央。

6. 让学生摸一摸标签纸上所画形状的中央。

7. 向学生展示不织布和砂纸做成的形状。

8. 可以让学生摸一摸它们。

9. 让学生把圆形放在适当的标签纸上。

10. 教师还可以让学生蒙上眼睛。

■ 10.20 通过触觉线索把圆形的、三角形的、矩形的相似物体进行匹配

活动主题：触觉感知

能力要求：动手能力

兴趣水平：学前、小学

材料： 饼干、剪刀、眼罩

1. 烤制圆形的、三角形的、矩形的饼干。

2. 让一个学生闭上眼睛，同时，把饼干的形状展示给其他学生。

3. 把某种形状的饼干放进这个学生的嘴里，让他猜一猜形状。

4. 如果学生猜对了，让他把这一形状的饼干吃掉。

5. 使用更多形状的饼干。

■10.21　通过触觉线索把扁平的、宽的、薄的、厚的相似物体进行匹配

活动主题： 触觉感知

能力要求： 视力、听力、语言、动手能力

兴趣水平： 学前

材料： 很多的扁平的或薄的物品

1. 把很多物品放在学生前边，这些物品有扁平的、宽的、薄的、厚的。

2. 让学生找到薄的物品。

3. 让学生找到厚的物品。

4. 把"薄的"或"厚的"食物奖励给学生。

5. 帮助有困难的学生识别这些物品，并让他再试一次。

6. 教师还可以让学生在房间里独立收集"厚的"或"薄的"物品。

■10.22　通过触觉线索把湿的和干的相似物体进行匹配

活动主题： 触觉感知

能力要求： 视力、听力、语言、动手能力

兴趣水平： 学前

材料： 海绵

1. 把湿的和干的海绵放在袋子里。

2. 把另外的湿的和干的海绵放在袋子旁边的桌子上。

3. 告诉学生：他们将要把手伸进袋子里、摸一摸湿的和干的东西。

4. 告诉学生：当他们摸过袋子里的物体之后，他们将要用另一只手把对于袋子中物体的感觉同对于桌子上物体的感觉相匹配。

5. 让学生用两只手匹配海绵。

6. 讨论"湿"和"干"。

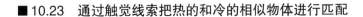

■10.23　通过触觉线索把热的和冷的相似物体进行匹配

活动主题：触觉感知

能力要求：听力、动手能力

兴趣水平：学前、小学

材料：玻璃碗、炉子、热的食物、冷的食物

1. 准备温的和冷的食物。

2. 把每种食物分别放进不同的玻璃碗。

3. 把这些碗随意放在桌子上。

4. 一次让一个学生触摸这些碗的外侧。

5. 让学生把温的碗放在桌子的一边，把冷的碗放在桌子的另一边。

6. 允许做得对的学生选择几样食物来品尝。

7. 重复下去，直到每个学生都有机会。

■10.24　通过触觉线索把黏性的和非黏性的相似物体进行匹配

活动主题：触觉感知

能力要求：听力、动手能力

兴趣水平：学前、小学

材料：双面胶、糖、盐

1. 把双面胶缠绕在学生一只手的手指上。

2. 把糖或盐撒在学生前边的桌子上。

3. 让学生用缠绕双面胶的手指去沾桌子上的盐。

4. 把双面胶缠绕在学生另一只手的手指上。

5. 告诉学生用刚刚缠上双面胶的手指去沾桌子上的盐。

6. 讨论哪些手指上有黏性物质，哪些手指上没有黏性物质。

■10.25　通过触觉线索把硬的和软的相似物体进行匹配

活动主题：触觉感知

能力要求：视力、听力、语言、动手能力

兴趣水平：学前、小学、中学生

材料：身体部位

1. 让学生坐在特定的位置上。

2. 告诉全班学生按一按胳膊肘。

3. 说："感觉怎么样? 硬。"

4. 询问每个学生"感觉怎么样?"

5. 回答"硬"。

6. 用脚踝、下巴、肩膀、脊梁和脊椎重复练习。

7. 告诉每个学生轮流触摸另一个学生的上述部位，并且询问采取触摸动作的学生"感觉怎么样?"

8. 用柔软的部位继续练习。

■10.26　通过触觉线索把粗糙的和光滑的相似物体进行匹配

活动主题：触觉感知

能力要求：听力、动手能力

兴趣水平：学前、小学

材料：蜡纸、铝箔、书写纸、图画纸、细砂纸、粗砂纸、蛋品包装纸盒、胶水

1. 在蜡纸、铝箔、书写纸、图画纸、细砂纸和粗砂纸上分别剪出两个鸡蛋形状。

2. 把这些鸡蛋形状用胶水粘贴在蛋品包装纸盒的外底上。

3. 让纸盒的底部和学生保持距离。

4. 告诉学生用双手"摸"，并且在发现6组匹配的鸡蛋形状后说出这些材质的名字。

5. 让学生看纸盒底部的样品，帮助学生纠正错误。

6. 加大难度：把样品放在纸盒的里面和外面，并使用眼罩。

■10.27　通过触觉线索把起皱的和光滑的相似物体进行匹配

活动主题：触觉感知

能力要求：走动、视力、听力

兴趣水平： 学前、小学、中学生、青少年

材料： 1个1.5cm×30cm×30cm的板子、标识物、胶水、7个不同质地的物体

1. 准备一个1.5cm×30cm×30cm的木板。

2. 把木板分成7份。

3. 用不同质地的材料盖住这几个部分。

4. 把木板放在地上。

5. 让学生轮流赤着脚或穿着袜子走在上面。

6. 鼓励学生说出材质的名字。

7. 说"这个材质感觉如何"或者"这个材质有什么不同"。

8. 偶尔改变一下材质。

泡沫橡胶	砂纸	小地毯（厚绒面）	小鹅卵石和大理石	人造草皮	小地毯（薄绒面）	其他

■ **10.28　通过触觉线索把轻的和重的相似物体进行匹配**

活动主题： 触觉感知

能力要求： 动手能力

兴趣水平： 学前、小学、中学生

材料： 8个坛子、喷漆、水

1. 准备8个同样大小的容器。

2. 在每两个容器里装入高度不等的水。

3. 把容器封口并在容器外面喷上深色油漆，从而让学生看不到水的高度。

4. 把两组容器混在一起，让学生从中选出两个重量相同的容器。

5. 通过增加更多的容器来增大难度。

■ **10.29　通过触觉线索，按要求从 5 个物体中选择小的物体**

活动主题： 触觉感知

能力要求： 语言、动手能力

兴趣水平： 学前、小学、中学生

材料： 书、短袜、细绳、各种物体、胶带

1. 准备一个用来装大小不同的物体的箱子。

2. 把一只短袜的袜筒用胶带固定在箱子一端的孔上，从而让学生能够把手通过袜筒伸进去摸一摸里面的物体。

3. 把3到5个物体放进箱子里，并把它们记录在卡片上。

4. 让学生把手伸进箱子里，找到并描述每个物体，然后选择小的物体。

5. 如果学生选错了，让他在箱子里摸出一个更小的物体，并根据需要给出线索。

■ **10.30　通过触觉线索，按要求从 5 个物体中选择长的或短的物体**

活动主题：触觉感知

能力要求：视力、听力、语言、动手能力

兴趣水平：学前、小学

材料：纸袋、10个长物体、10个短物体、箱子

1. 准备10个长的和10个短的物体。

2. 把5个长的和5个短的物体装进纸袋里。

3. 把其余物体放在桌子上的箱子里。

4. 让学生挨着箱子坐在桌子旁。

5. 从箱子里拉出一个长的物体。

6. 询问学生它是长的还是短的。

7. 让学生在纸袋里找到一个长的物体。

8. 如果学生找错了，让他把物体放回去并再试一次。

9. 使用不同的长物体和短物体反复练习。

■ **10.31　通过触觉线索，按要求从 5 个物体中选择直的或弯曲的物体**

活动主题：触觉感知

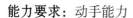

能力要求：动手能力

兴趣水平：学前、小学

材料：空罐子、小物品、布袋

1. 用布袋把空罐子套起来，不让学生看到里面的物品。

2. 识别方便面和普通面条，然后把它们放在学生的手里，一次放一根。

3. 让学生摸一摸，并把它放进罐子里。

4. 继续下去，直到罐子里有5种面条。

5. 给学生看一种面条。

6. 让学生把这种面条从罐子里拿出来。

7. 如果学生选对了，让他留着这根面条。

8. 把选错的面条放回去。

9. 简化任务：一开始只用2种面条，然后逐步增加面条种类。

■10.32　通过触觉线索，按要求从 5 个物体中选择方的或圆的物体

活动主题：触觉感知

能力要求：语言、动手能力

兴趣水平：学前、小学

材料：罐头盒、正方体积木、小汽车、拼图、短袜、圆形木珠、小的动物玩具

1. 把罐头盒插进短袜里，制作一个触摸用的容器。

2. 让学生看一看正方体积木、圆形木珠、小汽车、小的动物玩具、拼图，让后用词语"方的"和"圆的"来谈论一些具体的形状。

3. 把所有物体放进容器里。

4. 让学生把手伸进去并通过触摸找到圆的物体。

5. 让学生用同样的方法找到方形物体。

6. 教师还可以在另一个容器里放一套同样的物体，然后教师和学生同时挑选指定的物体；或者让学生在看到物体之前说出他正在拿出一个什么样的物体。

■10.33　通过触觉线索，从 5 个物体中选择三角形或矩形物体

活动主题：触觉感知

能力要求：听力、动手能力

兴趣水平：学前、小学

材料：纸板、剪刀、饼干

1. 在活动之前制作方形的、圆形的、矩形的、三角形的和菱形的大纸板，以便向学生展示。

2. 从饼干上切下这些形状。

3. 让学生面向教师和这些大的形状坐下。

4. 把饼干展示给学生。

5. 让一个学生闭上眼睛，把一块儿饼干放进他的嘴里。

6. 让这个学生猜测饼干的形状。

7. 如果学生猜对了，让他留着这块儿饼干。

8. 如果学生猜错了，让他再试一次。

9. 继续活动，直到每个学生都赢得了一块儿饼干。

■ 10.34　通过触觉线索，按要求从 5 个物体中选择扁的、薄的、宽的、粗的物体

活动主题：触觉感知

能力要求：听力、动手能力

兴趣水平：学前、小学

材料：食物、塑料包裹、纸袋

1. 准备一些手感好的、扁的和宽的食物。

2. 把每个食物包在一个塑料包裹中。

3. 为每个学生准备一个装有各种食物的袋子。

4. 把袋子交给学生，告诉他们不要打开。

5. 指导学生认识什么是"扁的"和"宽的"。

6. 让学生举例。

7. 解释说：袋子里有扁的和宽的食物。

8. 告诉学生教师将要寻求宽的和扁的食物，如果他们拿出了正确的食物，他们就可以咬一口这个食物。

9. 让学生拿出扁的食物。

10. 如果学生拿出来的食物是扁的，允许他咬一口。

11. 如果学生拿出来的食物不是扁的，让他把食物放回去，等待教师说出对下一个食物的要求。

■ 10.35　通过触觉线索，按要求从 5 个物体中选择湿的或干的物体

活动主题：触觉感知

能力要求： 视力、听力、语言、动手能力

兴趣水平： 学前

材料： 海绵

1. 把湿的和干的海绵放在袋子里。

2. 把另外的湿的和干的海绵放在袋子旁边的桌子上。

3. 告诉学生：他们将要把手伸进袋子里，摸一摸湿的和干的东西。

4. 告诉学生：当他们摸过袋子里的物体之后，他们将要用另一只手把对于袋子中物体的感觉同对于桌子上物体的感觉相匹配。

5. 让学生用两只手匹配海绵。

6. 讨论"湿"和"干"。

■ 10.36　通过触觉线索，按要求从 5 个物体中选择热的或冷的物体

活动主题：触觉感知

能力要求： 听力、动手能力

兴趣水平： 学前、小学

材料： 玻璃碗、炉子、热的食物、冷的食物

1. 准备温的和冷的食物。

2. 把每种食物分别放进不同的玻璃碗。

3. 把这些碗随意放在桌子上。

4. 一次让一个学生触摸这些碗的外侧。

5. 让学生把温的碗放在桌子的一边，把冷的碗放在桌子的另一边。

6. 允许做得对的学生选择几样食物来品尝。

7. 重复下去，直到每个学生都有机会。

■ **10.37** 通过触觉线索，按要求从 5 个物体中选择黏性的或非黏性的物体

活动主题：触觉感知

能力要求：听力、动手能力

兴趣水平：学前、小学

材料：双面胶、糖、盐

1. 把双面胶缠绕在学生一只手的手指上。

2. 把糖或盐撒在学生前边的桌子上。

3. 让学生用缠绕双面胶的手指去沾桌子上的盐。

4. 把双面胶缠绕在学生另一只手的手指上。

5. 告诉学生用刚刚缠上双面胶的手指去沾桌子上的盐。

6. 讨论哪些手指上有黏性物质，哪些手指上没有黏性物质。

■ **10.38** 通过触觉线索，按要求从 5 个物体中选择硬的或软的物体

活动主题：触觉感知

能力要求：语言、动手能力

兴趣水平：学前、小学

材料：5个硬物体、5个软物体、眼罩

1. 收集5个硬的和5个软的物体。

2. 告诉学生教师将要把他们的眼睛蒙起来，一次蒙一个人。

3. 把所有的物体交给蒙着眼睛的学生。

4. 让这个学生拿起每个物体、摸一摸，并说出它是硬还是软。

5. 告诉其他学生：如果他说对了，为他鼓掌；如果他说错了，保持沉默。

6. 如果学生说得对，让他继续说出所有这10个物体的软硬。

7. 如果学生说错了，摘掉他的眼罩。

8. 让这个学生看一看，然后再次摸一摸。

9. 告诉学生它是硬的还是软的。

10. 允许正确识别出所有物体的学生选择下一个学生。

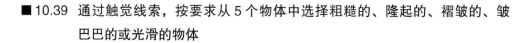

■10.39　通过触觉线索，按要求从 5 个物体中选择粗糙的、隆起的、褶皱的、皱巴巴的或光滑的物体

活动主题：触觉感知

能力要求：动手能力

兴趣水平：小学、中学生

材料：谷物、核桃、眼罩、小块儿尼龙、棉花

1. 把不同质地的小块材料剪成圆形"饼干"，并把这些"饼干"粘在纸板上。
2. 把"饼干"放在饼干罐里。
3. 让学生轮流在饼干罐里摸索某个特定材质的"饼干"。
4. 让学生继续下去，直到所有的"饼干"都被拿出来。
5. 教师还可以让学生从饼干罐里选择任意一个"饼干"，然后通过触摸对它进行详细说明。

■10.40　通过触觉线索，按要求从 5 个物体中选择锋利的或迟钝的物体

活动主题：触觉感知

能力要求：视力、听力、语言、动手能力

兴趣水平：学前、小学、中学生

材料：锋利和迟钝的物体

1. 准备锋利的或迟钝的物体。
2. 把这些物体放在学生前面。
3. 让学生触摸每一个物体，然后把锋利的物体摆成一行，把钝的物体摆成另外的一行。
4. 让每个学生辨认这两类物体。
5. 讨论这些物体和相关的安全问题。

■10.41　通过触觉线索，按要求从 5 个物体中选择轻的或重的物体

活动主题：触觉感知

能力要求：视力、听力、语言、动手能力

兴趣水平： 学前、小学、中学生

材料： 8个同样大小的容器、沙子、油漆

1. 准备8个同样大小的容器。

2. 在每两个容器里装入高度不等的沙子。

3. 把容器封口并在容器外面喷上深色油漆，从而让学生看不到沙子的高度。

4. 把两组容器混在一起，让学生从中选出两个重量相同的容器。

5. 通过增加更多的容器来加大难度。

■ 10.42 通过嗅觉和味觉线索，选出甜的物质或物体

活动主题：嗅觉、味觉感知

能力要求： 听力

兴趣水平： 学前、小学

材料： 塑料勺子、牙签、酸的和甜的食物

1. 准备带有少量甜的食物和酸的食物的勺子和牙签。

2. 让所有学生围坐成一圈。

3. 让一个学生坐在其他学生前面。

4. 让所有的学生一起唱："张开你的嘴，闭上你的眼，我们将带给你味觉的惊喜。"

5. 把带有食物的勺子或牙签放进学生嘴里。

6. 把勺子或牙签立刻从学生的嘴里拿出来，并进行处理。

7. 让学生说出这是什么食物、是甜的还是酸的。

8. 如果学生说错了，把答案告诉他。

9. 如果学生说对了，祝贺他，并让他选择下一个品尝者。

10. 改用不同的食物。

■ 10.43 通过嗅觉和味觉线索，选出烤焦的物质或物体

活动主题：嗅觉、味觉感知

能力要求： 听力

兴趣水平： 学前、小学

材料： 烤焦的面包

1. 准备烤面包器并把它放置在高处。

2. 告诉学生教师将要烤面包。

3. 制作烤焦的面包。

4. 讨论面包烤焦时闻起来的味道。

5. 让每个学生都尝一尝烤焦的面包。

6. 讨论尝起来的味道和烤焦的物质。

■10.44　通过嗅觉和味觉线索，选出酸的物质或物体

活动主题：嗅觉、味觉感知

能力要求：视力、听力、语言

兴趣水平：小学、中学生

材料：甜的和酸的食物

1. 让学生坐在某个地方。

2. 向学生展示柠檬，同时说："这是一个柠檬。它尝起来是酸的。"

3. 把柠檬切成小块儿，传递给学生。

4. 让学生尝一尝。

5. 教师提问："它尝起来怎样？酸？"

6. 询问每个学生："它尝起来怎样？"

7. 等着学生回答"酸"。

8. 把剩下的部分举起来，同时说："这是一个柠檬。它尝起来怎样？"

9. 用腌制食品、软心豆粒糖和饼干重复练习。

■10.45　通过嗅觉和味觉线索，选出咸的物质或物体

活动主题：嗅觉、味觉感知

能力要求：视力、听力、语言、动手能力

兴趣水平：学前、小学、中学生

材料：盐、面粉、玉米淀粉、糖、小苏打、牙签、纸杯

1. 把盐、面粉、玉米淀粉、糖、小苏打、发酵粉分别放在纸杯里。

2. 把纸杯放在桌子上，或者选择帮手端着它们。

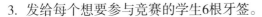

3. 发给每个想要参与竞赛的学生6根牙签。

4. 让学生用牙签蘸进去、品尝或者闻一闻，然后猜一猜5种物质中的哪2种也是咸的。

5. 告诉学生通过尝一尝和闻一闻湿润的牙签尖来猜测味道。

6. 当所有的参赛者都猜过后，让选择小苏打和发酵粉的学生站起来。

7. 对正确猜测出两种咸味物质的学生授予贴纸奖励。

8. 继续挑战学生去识别其他3种物质。

■10.46　通过嗅觉和味觉线索，选出苦的物质或物体

活动主题：嗅觉、味觉感知

能力要求：动手能力

兴趣水平：学前、成年人

材料：标签纸、水彩笔、作业纸、纸、铅笔、食物

1. 准备一个舌头敏感区图表，上面表明舌头上对于咸味、甜味、酸味和苦味最敏感的位置。

2. 准备一张关于舌头的作业纸并且为每个学生都复制一份。

3. 准备带有咸味、甜味、酸味和苦味的各种食物。

4. 一次探讨一种味道。

5. 介绍苦味的食物，让学生试着在舌头上找到对苦味敏感的味蕾。

6. 一定要让学生在整个舌头上尝试，从而做出正确的猜测。

7. 让学生在作业纸上标出对苦味敏感的味蕾。

8. 介绍下一种味道。

9. 继续下去，直到完成作业。

第十一章　精细运动——视觉动作 I

利用视觉、听觉追踪物品，双手抓握物品

不能综合利用视觉、听觉追踪物体

手臂不能过中线并且运动

双手不能触碰或者同时运动

手指不能完成抓握的精细运动

不能独立使用单手进行运动

不能利用视觉进行物品的配对

■ 11.01　被引到室内时，对灯光做出反应

活动主题：视觉、听觉感知

能力要求：走动、视力、听力

兴趣水平：学前、小学

材料：羊毛毯、椅子、桌子、手电筒、电影、垫子

1. 拉上窗帘使房间变暗，但是让灯亮着。

2. 用羊毛毯盖住桌子和椅子来搭建"游戏室"或帐篷。

3. 尽可能把灯光挡在"游戏室"的外面。

4. 和学生一起玩"晚上和早晨"的游戏。当到了"去睡觉"的时间时，师生两个都走进"游戏室"。

5. 在"游戏室"内使用手电筒。当到了"起床"或者"去上学"的时间时，把手电筒打开。

6. 当教师打开手电筒时，说"看"。

7. 如果学生没有反应，让另一个人帮助学生把头转向光源。

8. 当学生在帮助下做出反应或独立做出反应后，从游戏室爬回房间里。

9. 当再次到了"去睡觉"的时间时，把房间里的灯关掉。

10. 帮助学生爬进游戏室睡觉。

11. 重复下去，直到学生独立做出反应。

12. 在黑暗的房间里只用一个垫子充当睡床，把灯打开和关掉。

13. 让房间变暗，打开收音机。

14. 等着学生把头转向收音机。

15. 如果有必要，帮助学生把头转向收音机3秒钟，或者直到学生把头转过去再关掉收音机。

16. 过一两分钟后再次开始开、关收音机，并训练学生的反应。重复几次。

17. 教师还可以使用电视、表演秀或视听刺激物。

18. 逐步减少声音刺激，改为只有视觉提示。

■ 11.02　用眼睛和头部追随移动的物体；暂时注视一个物体

活动主题：视觉、听觉追踪

能力要求：听力

兴趣水平：学前、小学

材料：毛巾

1. 准备一个足够大的、可以遮住教师的头和脸的毛巾。

2. 让学生坐在教师的对面。

3. 把教师的脸藏在毛巾后面。

4. 从毛巾后面探出头来，做个有趣的鬼脸，同时说："躲猫猫。"

5. 教师调节声音来吸引学生。

6. 每次把头从不同的一侧探出来。

■ **11.03　用眼睛和头部追随物体从身体的一侧水平移动到身体中线的位置**

活动主题：视觉、听觉追踪

能力要求：视力、听力

兴趣水平：学前、小学

材料：楔形物、冰激凌蛋卷

1. 准备一个冰激凌蛋卷。

2. 让学生俯卧在楔形物上。

3. 拿着冰激凌蛋卷坐在学生旁边。

4. 发出吃东西的声音，吸引学生的兴趣。

5. 学生一看向教师，就把冰激凌蛋卷从学生身体的一侧水平移动到身体中线。

6. 学生每次用眼睛和头部追随冰激凌蛋卷时，都让他咬一口冰激凌。

■ **11.04　用眼睛和头部追随物体从身体的一侧斜着移动到身体中线的位置**

活动主题：视觉追踪

能力要求：视力

兴趣水平：学前、小学

材料：大型纸板、刀子、剪刀、水彩笔、大头针、红色小球

1. 在一张大型纸板的左下角和右上角分别剪出一条窄缝。

2. 把宽度为4到5厘米的塑料布从两条缝隙中穿过去，把塑料布缝在一起，制作一个连续的镶边。

3. 准备1个红色小球。

4. 让学生站在纸板前面，把纸板的右上角放在桌子上，让左下角的窄缝和学生的眼睛在同一高度。

5. 把红色小球放在距离右下角的窄缝大约15厘米的位置上。

6. 教师提示："看一看这个球。"

7. 当学生注意看球的时候，把球慢慢地移到右下角的窄缝处。

8. 学生能用眼睛追随多远就让球移动多远。调整距离，直到他的目光能够追随大约75厘米的斜线距离。

9. 用其他物体代替毡布球。

10. 每次延长大约5厘米的距离，直到学生能够用头部和眼睛追随整个的距离。

■ **11.05 用眼睛和头部追随物体从身体的一侧水平移动到另一侧**

活动主题：视觉追踪

能力要求：视力

兴趣水平：学前

材料：球、护垫、细绳

1. 用细绳把球从天花板上悬垂下来。

2. 让学生站在护垫上，眼睛距离悬着的球大约15厘米。

3. 让学生看着球。

4. 轻轻把球从左边移到右边。

5. 观察学生的眼睛，看他的目光是否在追随移动的球。

6. 如果学生的目光不在球上，重复刚才的动作。

7. 练习几次。

■ **11.06 只用眼睛追随物体从身体的一侧移动到另一侧所经过的路径**

活动主题：视觉追踪

能力要求：视力

兴趣水平：学前、小学、中学生

材料：小飞机、细绳、胶带或钩子、标签纸、笔

1. 制作一个写有学生名字的小图表。

2. 把细绳拴在小飞机上。

3. 让飞机从天花板或门口处悬下来，与学生的眼睛在同一高度。

4. 让学生站在飞机前边。

5. 把学生前面的飞机从左边摆动到右边。

6. 让学生只是用眼睛观察飞机"飞行"。

■ **11.07　只用眼睛追随移动的物体，直到它从视线中消失**

活动主题：视觉追踪

能力要求：视力、听力

兴趣水平：学前、小学

材料：纸板、布袋木偶、食物奖励

1. 用大型纸板箱为木偶制作舞台。

2. 准备彩色木偶。

3. 让学生坐在舞台前面。

4. 介绍木偶。

5. 让木偶从舞台的一端走到另一端，同时挥手并发出声音。

6. 告诉学生用眼睛追随木偶，因为木偶有礼物要送给他。

7. 让木偶拿着给学生的食物奖励回到舞台上。

■ **11.08　用眼睛追随物体的圆周运动**

活动主题：视觉追踪

能力要求：视力、动手能力

兴趣水平：学前、小学、中学生

材料：纸板、粉笔、玩具汽车或摩托车

1. 用粉笔的侧面在黑板上画一个圆形的路径。

2. 准备玩具汽车。

3. 让学生站在所画的路径前。

4. 告诉学生观察教师在这条路上"开车"。

5. 告诉学生如果他能够在教师"开车"的时候一直注视着汽车，下一次就让他"开车"。

6. 在路径图上"开车"。

7. 观察学生，看他是否一直在注视汽车。

8. 如果学生在观察汽车的移动，接下来让他"开车"。

9. 教师还可以在地板上或桌面上"开车"。

10. 为那些不能在圆形路径上"开车"的学生准备双行轨道。

■ 11.09 只用眼睛追随离眼睛 50 厘米的移动物体

活动主题：视觉追踪

能力要求：视力

兴趣水平：学前、小学、中学生

材料：食物碎片、3个纸杯

1. 把3个纸杯和小香肠放在桌子上，纸杯倒扣。

2. 让学生看着教师把食物藏在杯子下。

3. 告诉学生观察教师把这3个杯子打乱顺序，并试着判断食物在哪个杯子下面。

4. 如果学生第一次猜对了，把食物碎片奖给学生吃。

5. 如果学生猜错了，重复操作。

6. 开始时缓慢地移动杯子。随着学生的进步，加快速度。

■ 11.10 只用眼睛追随 3 米以外的物体沿着地板移动

活动主题：视觉追踪

能力要求：视力、手势语

兴趣水平：学前、小学、中学生

材料：手电筒、彩色玻璃纸

1. 用彩色玻璃纸蒙住手电筒。

2. 发给每个学生一个手电筒。

3. 关掉房间里的灯。

4. 告诉学生打开他们的手电筒。

5. 告诉学生让手电筒的光柱在墙上和天花板上移动。

6. 让学生用眼睛追随光柱。

7. 让两个学生玩追跑游戏，其他学生观看。

8. 让每个学生都有机会玩游戏。

■ 11.11　只用眼睛追随 3 米以外的物体摇晃地悬挂在细绳上

活动主题：视觉追踪

能力要求： 视力

兴趣水平： 学前

材料： 2个滑轮、晾衣绳、拴在绳子上的气球、悠悠球、玩具

1. 让房间两端的滑轮升到学生眼睛的高度，通过滑轮和绳结让晾衣绳绷紧，并形成一条连续的线绳。

2. 把学生最喜欢的玩具固定在线绳上，并利用滑轮移动线绳，这样就使得玩具在线绳上水平移动。

3. 让学生站在离线绳1.5米的地方。

4. 把物体移到离学生左边1米的地方，然后再移到学生的正前方。

5. 把距离增加30厘米到60厘米，总是从左边开始移动物体，直到学生只用眼睛就能够追随物体的全程移动。

6. 如果学生头部和眼睛都动了，应该让另一个人固定住他的头部，直到他能够独立用眼睛追随物体。

7. 把学生和线绳之间的距离增至3米并重复练习。

8. 把物体用粗线悬挂在线绳上。

9. 来回移动线绳并增大距离，确保学生只是用眼睛追随物体。

10. 如果有必要，调整滑轮和地面之间的高度，或者调整滑轮和学生的站位或坐位之间的高度。

11. 教师还可以在学生前面慢慢地上下移动悠悠球。

12. 把悠悠球拉长到15厘米，然后是20厘米……并且把学生和悠悠球之间的距离增加到3米。

13. 用悠悠球做出各种动作，让学生用眼睛追随着它。

■ 11.12　用眼睛注视物体或图片10秒钟

活动主题：视觉追踪

能力要求：视力、动手能力

兴趣水平：学前、小学、中学生

材料：罐头盒、小物品

1. 准备3个打开的锡罐和1个小物品，如玩具或谷物。

2. 把2个锡罐放在教师旁边的地板或桌子上，让开口的一面朝上。

3. 把将要让学生寻找的物品展示给学生并放在他前面。

4. 把1个锡罐倒过来，放在离这个物品30厘米的地方。

5. 用另外的1个锡罐盖住这个物品。

6. 提示说："找到（物体名字）。"

7. 拿起下面藏有物品的锡罐。

8. 夸张地表现出快乐情绪，并且让学生吃掉或拿着这个物品。

9. 重复练习。等待1到10秒钟的时间，让学生找到物品。

10. 只有当学生做出正确反应的时候，才允许他吃掉或拿着这个物品。

11. 教师还可以玩珠子游戏。

12. 准备2到3个罐头盒。

13. 把珠子藏在其中的一个罐头盒下面，并且把这个罐头盒移到一个新位置。

14. 让学生找到这个珠子。

15. 用各种方式移动一个或几个罐头盒，以此来加大难度。

■ 11.13　伸展手指

活动主题：手指伸展

能力要求：视力、动手能力

兴趣水平：学前、小学、中学生

材料：细绳、气球

1. 把细绳拴在气球上。

2. 把细绳固定在天花板上，让气球距离地板大约30厘米高。

3. 告诉学生们围着气球坐在地板上。

4. 让一个学生仰躺在气球下面。

5. 告诉学生用一只手打气球。

6. 让学生用另一只手打气球。

7. 在学生第一次尝试的时候，酌情提供帮助。

8. 每次练习过程中都向学生提出更多要求。

■11.14　胳膊肘伸展，手臂伸至身体中线

活动主题：手臂过中线

能力要求： 视力、动手能力

兴趣水平： 学前、小学、中学生

材料： 细绳、渔线、纸夹、物品

1. 提前准备一个房间：在房间的两头之间固定绳，距离地板约2米。

2. 把渔线的一头拴在绳子上，另一头固定不同高度的钩子或衣夹。

3. 让学生躺在渔线下面的地板上。

4. 把一些物品悬挂在钩子上。

5. 选择一些色彩鲜艳的物品。

6. 选择一些能够轻易被微风吹动的物品。

7. 选择一些发声的物品。

8. 变换这些物品，吸引学生的注意。

9. 告诉学生看着物体并伸手去够。

10. 告诉学生如果他够到或抓到一个物品，他就可以玩这个物品几分钟。

11. 把物品放在学生的两边，从而鼓励学生把手臂伸过身体中线。

12. 开始时让物品靠近学生的眼睛和双手。

13. 逐渐增大距离，促使学生伸出手臂去够。

■ 11.15 用双手抓握

活动主题：双手抓握

能力要求： 动手能力

兴趣水平： 学前、小学

材料： 桌子、胶带、绳子、重玩具、椅子

1. 准备一个重玩具。

2. 把玩具拴在绳子上。

3. 把绳子纵向固定在桌子面上，让玩具悬挂在桌子边缘处。

4. 让学生坐在离玩具最远的桌子的一头。

5. 坐在学生后面。

6. 让学生用两只手抓住绳子（如图所示）。

7. 抓住学生的手。

8. 拉动绳子，直到玩具移动到学生面前。

■ 11.16 胳膊肘和手指伸展，手臂伸过身体中线

活动主题：手臂过中线，手指抓握

能力要求： 视力、听力、动手能力

兴趣水平： 学前、小学、中学生

材料： 桌子、谷物、其他食物或学生最喜欢的玩具

1. 让学生坐在桌子旁，把学生最喜欢的饼干等小点心直接放在他前面，但要促使他不得不伸展胳膊肘和手指去够。

2. 提示说："饼干，好多饼干。"

3. 当学生伸展胳膊肘和手指去够饼干的时候，给他一块儿饼干，并且说：

"动作做得很好。"

4. 重复练习，直到学生总是能够用预期的方式伸展手臂和手指。然后每当学生咬一口饼干后，就慢慢地把饼干向学生的左侧多移动3厘米。

5. 让学生逐步把手臂伸过身体中线去够饼干。

6. 教给学生用每只手独立完成任务。

7. 如果学生有困难，移动他的胳膊和手指，帮助他做出预期的反应。

8. 改用玩具和不同的食物。

▮11.17 用一只手抓住拨浪鼓等玩具

活动主题：单手抓握

能力要求：动手能力

兴趣水平：学前、小学、中学生

材料：会吱吱作响的玩具

1. 选择学生容易抓住的、会吱吱作响的彩色玩具。

2. 把玩具放在学生手中。

3. 在有些情况下，要根据玩具里面的装置来选用左手或者右手。

4. 用教师的手把着学生拿玩具的那只手。

5. 分几次轻轻地挤压学生的手，让他体会挤压的感觉。

6. 口头提示学生"拿住它"。

7. 松开把着学生的那只手，同时说："拿住它。"

8. 看学生能否暂时拿住玩具。

▮11.18 伸手去够物体

活动主题：伸手够物

能力要求：视力、动手能力

兴趣水平：学前、小学、中学生

材料：细绳、气球

1. 把细绳系在气球上。

2. 把细绳固定在天花板上，让气球悬在离地面30厘米的地板上。

3. 告诉学生围着气球坐在地板上。

4. 让一个学生仰躺在气球下面。

5. 告诉学生用一只手打气球。

6. 让学生用另一只手打气球。

7. 在学生第一次尝试的时候，酌情提供帮助。

8. 改用橡皮球或网球。

■11.19　同时移动两只手，比如拍手

活动主题：双手合拢

能力要求： 听力、动手能力

兴趣水平： 学前、小学

材料： 音乐

1. 让学生坐在教师双腿之间的地板上。

2. 播放歌曲《如果感到幸福》。

3. 抓起学生的手，伴着音乐的节拍教他拍手。

4. 再次播放并跟唱这首歌，强调拍手时的韵律。

5. 告诉学生拍手。

6. 教师把双手逐步移到学生的肘部，指导他正确地做出拍手动作。

7. 当学生理解了拍手动作后，坐在学生对面，并允许他模仿教师的拍手动作。

■11.20　张开双手

活动主题：张开双手

能力要求： 听力、动手能力

兴趣水平： 学前、小学、中学生

材料： 图表、奖品、笔

1. 在特定的情境中教学生学习这项技能，如：在某个特定时间，学生必须让双手一直张开。

2. 制作一张以分钟为单位来显示"特定时间"的图表。

3. 确定学生张开双手的时间和对学生实施奖励的频率。

4. 学生每一次把手合拢的时候就要让他至少把手张开三次。

5. 在图表上标出"特定时间"的时长，并留出每次奖励学生所需的时长。

6. 开始的时候每隔5分钟到10分钟就奖励学生一次。直到学生有意识地让双手张开来赢取奖品。

7. 当学生让双手张开足够长的时间时，说："张开双手的动作做得很好"，并用谷类食品奖励他。

8. 当学生在"特定时间"能够完全成功地完成这个动作后，选择另一个活动时间，并且用图表标出学生在活动中的进步。

9. 逐步在游戏时间和午餐时间加进这项活动，直到一整天都是在每隔一定时间后跟进学生的进展。最后每隔任意的一段时间让学生张开双手。

■11.21　紧捏放在手里的东西

活动主题：揉捏物品

能力要求：动手能力

兴趣水平：学前

材料：花生酱、玉米糖浆、脱脂奶粉、糖、碗、围嘴

1. 把1杯花生酱、1杯玉米糖浆、1.25杯脱脂奶粉、1.25杯精制细砂糖放入一个大碗并混合在一起，直到变成橡皮泥一样的混合物。

2. 让学生围着桌子坐在高椅子上或者围在站立台周围。

3. 给学生戴上围嘴或围裙。

4. 发给每个学生一把混合物。

5. 鼓励学生对混合物捏、揉、卷、戳。

6. 还可以在混合物里加入坚果或椰子。

■11.22　用手指抓住物体

活动主题：手指抓握

能力要求：视力、动手能力

兴趣水平：学前、小学

材料：大的平底锅或塑料容器、桌子、可漂浮的物体

1. 把一个大型的扁平容器放在一个高度适当的桌子上，让软木塞、压舌板、冰棒棍、海绵或串珠漂浮在容器里。

2. 让学生站在桌子旁边。

3. 告诉学生在物体飘上来的时候抓住它们。

4. 如果需要的话，鼓励学生去抓。

5. 如果学生有困难，示范怎样抓住漂浮物。

6. 让几个学生比赛，看谁能在最短时间内从水中抓到最多物体。

■ 11.23　放开抓在手里的东西

活动主题：释放物品

能力要求：视力、动手能力

兴趣水平：学前、小学、中学生

材料：盒子或托盘、玩具

1. 收集学生最喜欢的3到4件玩具。

2. 把盛有这些玩具的托盘放在学生前面。

3. 让学生每只手抓着一个玩具。

4. 向学生提供另一个玩具。通过让玩具发出吱吱声等方式让这个玩具具有吸引力。用它来交换学生手里的一个玩具。

5. 表扬学生放下自己的玩具来交换教师手中的玩具。

6. 加大困难：让学生把双手放进托盘里自己去取玩具。

■ 11.24　把物体从一只手中转到另一只手中

活动主题：换手传物

能力要求：视力、动手能力

兴趣水平：学前、小学

材料：布袋

1. 示范把布袋放在身体部位上。

2. 让学生看着教师并且跟着教师做动作。

3. 选一个学生充当领队，让他说"跟着我做"并且说出身体部位的名字。

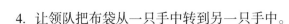

4. 让领队把布袋从一只手中转到另一只手中。

5. 提醒其他学生看着领队并且跟着他做。

6. 帮助学生参与。

7. 鼓励学生自告奋勇充当领队。

8. 把布袋投进盒子里，结束练习。

■11.25　用手里的两个物体相互敲击

活动主题：双手敲击

能力要求：听力、动手能力

兴趣水平：学前、小学

材料：有节奏感的乐器、音乐

1. 准备有节奏感的乐器。

2. 奏响音乐。

3. 把乐器发给每个学生。

4. 示范怎样让两只手中的乐器相互碰撞发出声音。

5. 如果学生做不到，抓住他的两只手把乐器碰在一起。

6. 让一个学生充当指挥。

7. 让学生在指挥发出指令的时候演奏音乐。

8. 开始奏响音乐。

9. 帮助不会奏乐的学生独立演奏乐器。

10. 让学生们轮流充当指挥。

11. 转换乐器。

■11.26　把小钉板上的木钉拔下来

活动主题：手指拿捏

能力要求：视力、听力、动手能力

兴趣水平：学前、小学

材料：棒棒糖、板子、钻子

1. 准备几个棒棒糖。

2. 用木头制作小钉板。

3. 在小钉板上钻几个孔，以便把棒棒糖放进孔里。

4. 把带有棒棒糖的小钉板放在桌子上。

5. 让学生坐在小钉板前边。

6. 向学生展示棒棒糖。

7. 告诉学生：如果他能把木板上的棒棒糖拔下来，他就可以拥有它们。

8. 允许学生留着他从木板上拔下来的棒棒糖改用大型的木钉和钉板。

■ 11.27 拇指和其他手指相对、抓握物体

活动主题：手指相对

能力要求： 视力、动手能力

兴趣水平： 学前、小学、中学生

材料： 小物品、容器

1. 收集小瓷盘、棍子、纽扣、高尔夫球座、压舌板、衣夹等。

2. 收集一些容器，使物体落进容器时发出响声。

3. 把物体放进托盘里。

4. 一次拿起一个物体并投进坛子里。教师对于发出的声响和物体在坛子里的样子表现出兴奋的样子。

5. 手把手帮助学生捡起一个物体并放进容器里。确信他抓住了物体的一端。

6. 如果学生抓得很紧，帮助学生松开手指，打开容器并轻拍学生抓在物体上的手指。

7. 让学生玩一玩容器里的物体。

8. 加大困难：要求学生拾起物体并把物体投进容器中，同时逐步减少对学生的帮助。

9. 继续下去，直到学生在无须帮助的情况下把物体拾起来并投进容器中。

10. 改用大小不同的各种容器和物体。

■ 11.28 把食指伸进小孔

活动主题：戳手指

能力要求：视力、动手能力

兴趣水平：学前、小学、中学生

材料：戒指玩具、首饰盒

1. 准备几个大小和风格各异的、不贵的、孩子的戒指玩具。

2. 把戒指放进首饰盒。

3. 让学生打开盒子并指着戒指。

4. 让学生自己选择要戴的戒指。

5. 帮学生拿着戒指，让他把手指从戒指中穿过去。

6. 如果学生犹豫不决，把戒指戴在学生的手指上。

7. 夸赞这枚戒指，并鼓励学生把戒指摘下来，试戴另一枚戒指。

8. 用学生的另一只手重复练习。

■11.29　用一只手把物体从容器中取出来

活动主题：容器取物

能力要求：动手能力

兴趣水平：学前、小学、中学生

材料：盒子、小物品

1. 把纸盒子剪成大约10厘米高，里面装满面粉、大米、豆子和玉米面。

2. 改变纸盒子的填充物。

3. 把各种不同材质的物品藏在填充物里。

4. 把学生的手放进填充物里。

5. 开始的时候帮助学生找到隐藏的物品并让他玩一玩这些物品。

6. 可以让学生最终独立发现隐藏的物品。

■11.30　用一只手紧捏物体

活动主题：单手捏物

能力要求：视力、动手能力

兴趣水平：学前、小学、中学生、青少年

材料：报纸、垃圾桶

1. 把几张废纸放在离废纸篓60厘米远的地方。

2. 告诉学生用他的惯用手把纸揉皱。

3. 告诉学生如果他把纸揉皱成团了，他可以试着投篮。

4. 如果学生把纸揉成适当的形状，让他待在捡起废纸的地方并把废纸扔进废纸篓。

5. 告诉学生如果他没有正确完成任务，他还可以有第二次机会，并且让另一个学生开始尝试。

■ 11.31 用一只手把物体放进容器

活动主题：单手放置物品

能力要求： 视力、动手能力

兴趣水平： 学前、小学、中学生、青少年

材料： 空的饼干罐、衣夹

1. 把容量为2升的一个饼干罐放在学生前面。

2. 拿起衣夹并用力投进饼干罐，以便发出大的声响。

3. 把衣夹交给学生。

4. 告诉学生把它投进饼干罐。

5. 重复下去，直到学生按要求把10到15个衣夹投进饼干罐。

6. 改用开口处较小的容器。

7. 重复练习。

8. 教师还可以使用彩色衣夹或海绵。

■ 11.32 拇指和两个手指相对、抓握物体

活动主题：三指拿捏

能力要求： 视力、动手能力

兴趣水平： 学前、小学、中学生、青少年

材料： 彩色胶带

1. 剪出4条5厘米长的彩色胶带。

2. 把彩色胶带分别粘在学生的鼻子、下巴和两个手背上。

3. 让这几条胶带至少有3厘米的地方翘起来。

4. 让学生观察教师把1条胶带从他的手背上揭下来。

5. 告诉学生把其他几条胶带揭下来。

6. 当学生把胶带揭下来的时候，把胶带拿走。

7. 提供必要的帮助。

■ 11.33　用一只手抓住扁平的或薄的物体

活动主题：单手抓物

能力要求：视力、动手能力

兴趣水平：学前、小学

材料：卷纸筒、胶水、彩纸

1. 收集卷纸筒。

2. 让学生坐在桌子旁。

3. 发给每个学生卷纸筒、彩纸和胶水。

4. 告诉他们把一些胶水涂在卷纸筒上，然后把彩纸放在卷纸筒上来装饰他们的"树"。

■ 11.34　用拇指和食指捡起小物品

活动主题：拇指、食指拿捏

能力要求：视力、动手能力

兴趣水平：学前、小学、中学生、青少年

材料：存钱罐、便士

1. 准备一个有吸引力的存钱罐。存钱罐上要有大的硬币投币口和容易打开的底部。

2. 把10枚硬币交给学生。让他使用惯用手的拇指和食指捡起每一枚硬币并投入存钱罐。

3. 让学生重复这个动作，直到他把所有的硬币都放进存钱罐。

4. 告诉学生他可以打开存钱罐的底部并找回他的硬币。

5. 让学生重复这个过程。

■ 11.35　用拇指和食指伸过身体中线去捡物体

活动主题：拇指、食指拿捏

能力要求：视力、动手能力

兴趣水平：学前、小学、中学生、青少年

材料：塑料容器、汤匙、乒乓球

1. 为每个学生准备2个塑料容器。容器的底面直径为15cm，高为8~10cm。

2. 为每个学生准备一个汤匙，先用大汤匙，然后用茶匙。

3. 在一个容器里装满乒乓球、棉球或棉花软糖。

4. 把一个装满东西的容器和一个空的容器放在每个学生前边。

5. 发给每个学生一个汤匙。

6. 告诉学生一次用汤匙捡起一个乒乓球并把它放进空的容器里。

7. 为学生示范。

8. 让学生继续下去，直到所有的球都被转移到空的容器里。

■ 11.36　用两块积木造塔

活动主题：搭积木

能力要求：视力、动手能力

兴趣水平：学前、小学

材料：12个5厘米的立方体积木

1. 让学生面向教师坐在地板上。

2. 发给每个学生2块积木。

3. 把积木放在教师前面。

4. 提示说："让我们把积木堆叠起来。"

5. 示范把一块积木放在另一块积木上。

6. 提示说："把你的积木堆叠起来。"

7. 提供必要的帮助。

8. 重复练习，直到学生在5次中能够有4次按要求把2块积木堆叠起来。然后增加到3块积木。

■ 11.37　把圆形物体放进圆形的孔里

活动主题：插形状块

能力要求：视力、动手能力

兴趣水平：学前、小学

材料：模型用纸板、模型用纸板上的形状

1. 让学生坐在桌子旁。

2. 把模型用纸板放在桌子上。

3. 示范这些形状的摆放。

4. 把形状发给每个学生。

5. 让学生轮流把他们的形状放好。

6. 如果有必要，指着正确的位置提示学生。

7. 鼓励大家为放对形状的学生鼓掌。

■ 11.38　用 3 到 4 块积木造塔

活动主题：搭积木

能力要求：视力、动手能力

兴趣水平：学前、小学

材料：10个5厘米的立方体积木

1. 让学生面向教师坐在地板上。

2. 发给每个学生2块积木。

3. 把积木放在教师前面。

4. 提示说："让我们把积木堆叠起来。"

5. 示范把一块积木放在另一块积木上。

6. 提示说："把你的积木堆叠起来。"

7. 提供必要的帮助。

8. 重复练习，直到学生在5次中能够有4次按要求把2块积木堆叠起来。然后增加到3块积木。

■ 11.39　用 5 到 6 块积木造塔

活动主题：积木造塔

能力要求：视力、动手能力

兴趣水平：学前、小学

材料：积木、小盒子、垫布

1. 准备2块红色、3块绿色、4块黄色和5块蓝色积木。

2. 示范如何在垫布上从左到右堆叠积木。

3. 让学生搭积木，一次使用一种颜色，并且一堆积木只使用一种颜色，直到所有的积木都被堆叠起来。

4. 不限制颜色的顺序和积木堆的大小。

5. 观看学生堆叠积木。

6. 为出错的学生示范，并让他再试一次。

7. 当学生完成任务后，对颜色顺序和积木堆的大小提出具体要求。

■ 11.40　把大珠子串起来

活动主题：串珠

能力要求：视力、动手能力

兴趣水平：学前、小学

材料：空心珠子、鞋带

1. 发给每个学生一根鞋带。

2. 把鞋带的一端打结以便固定住空心珠子。

3. 示范怎样把空心珠子串起来。

4. 如果有必要，一次只用一个空心珠子，直到学生能够成功地把空心珠子串起来。

5. 允许学生选择颜色。

6. 告诉学生他可以保留这一串空心珠子，也可以把它当作项链或手镯戴上。

■11.41 把黏土做成蛇形

活动主题：黏土游戏

能力要求：视力、动手能力

兴趣水平：学前、小学、中学生

材料：面粉、水、盐、色拉油、奶油、碗、炉子、量杯、汤匙

1. 用3杯面粉、3杯水、1.5杯盐、6大汤匙色拉油、3小汤匙奶油和食用色素制作橡皮泥。

2. 把除了食用色素之外的所有原料混合起来。

3. 加热并搅拌直到混合物变得柔韧。

4. 把混合物从锅里取出来并加上食用色素。

5. 把加上食用色素的混合物揉合成橡皮泥。

6. 发给每个学生一大块儿橡皮泥。

7. 让学生们尝试着自己玩。

8. 和学生们一起坐在桌子旁。

9. 开始打、拍、捏橡皮泥。

10. 把动作做得夸张些，以便吸引学生们模仿。

11. 尽可能唤起学生们的注意，说："李明在打他的橡皮泥，我也想试着这样做。"

12. 让学生们滚动橡皮泥，为他们示范。

13. 必要时手把手教给学生。

14. 通过改变橡皮泥的颜色来增加兴趣。

15. 为课上所用的橡皮泥补充更多的颜色。

■11.42 用手腕做扭转运动，如：旋紧或旋松盖子、转动门把手，等等

活动主题：手腕旋转

能力要求：动手能力

兴趣水平：学前、小学、中学生

材料：盖子、坛子、食物奖励

1. 收集大小不同的带有盖子的罐子。

2. 把小玩具或谷类食物放进罐子里。

3. 把盖子松松地旋上。

4. 让学生打开罐子、取出里面的物品。

5. 向学生展示开罐子的动作，必要时手把手地教。

6. 允许学生在成功完成任务后吃谷类食物或者玩玩具。

7. 重复练习。

8. 随着学生能力的提高，把盖子旋紧并使用更大的罐子。

■11.43　对相同的物体进行匹配

活动主题：物品配对

能力要求：视力、动手能力

兴趣水平：学前、小学、中学生

材料：物体、包、垫布

1. 制作一个带有拉绳的神秘袋子。

2. 找一些小物品，如动物和汽车，每样2个。

3. 把5到10对物品放进袋子里。

4. 向学生展示如何在垫布上匹配物品。

5. 指出相同的物品。

6. 把物品放回袋子里。

7. 让学生打开袋子，拿出物品，把相同的物品放在一起。

8. 继续下去，直到所有的物品都被匹配起来。

9. 如果有可能，说出物品的名字并让学生跟着重复。

■11.44　对三原色——红色、蓝色、黄色进行匹配

活动主题：颜色配对

能力要求：视力、动手能力

兴趣水平：学前、小学、中学生

材料：瓶子、食用色素

1. 收集6个瓶子。

2. 把瓶子装满水。

3. 把6瓶水和3罐黄色、红色、蓝色的食用色素放在桌子上，让学生围在桌子旁。

4. 让学生观察并帮助教师把其中的一种色素滴进第一个瓶子。

5. 讨论水的颜色变化。

6. 继续下去，直到三对水瓶的颜色分别相配。

7. 在桌面上移动这些瓶子并把它们混在一起。

8. 选择学生找出颜色相同的两个瓶子。

9. 如果学生找错了，告诉他正确的匹配，并让他再试一次。

10.继续下去，直到每个学生都有机会。

■11.45　把大的和小的物体进行匹配

活动主题：形状配对

能力要求：视力、动手能力

兴趣水平：学前、小学、中学生

材料：2种大小不同的书

1. 准备3本小书和3本大书。

2. 把大书和小书展示给学生。

3. 把每一种尺寸的一本书放在学生前面。

4. 递给学生一本大书。

5. 告诉学生把它放在"大书"上。

6. 必要时提供帮助。

7. 重复练习，直到这几本书被整齐地叠放好。

8. 继续重复，直到不必提供帮助。

9. 奖励学生读故事。

■11.46　把圆形、正方形、三角形和菱形进行匹配

活动主题：形状配对

能力要求：视力、动手能力

兴趣水平： 学前、小学、中学生

材料： 骰子、标记物、标签纸、水彩笔、剪刀、纸

1. 画一张大型的蜗牛图片，并用它制作游戏板。

2. 在蜗牛壳上画一些线和方格，在每个方格里任意画出三角形、正方形和圆形（如图所示）。

3. 使用常规的骰子。

4. 用图画纸剪出2个三角形、2个正方形和2个圆形，这些形状的大小不超过骰子的一个面。

5. 把每个不同形状分别粘在骰子的各个面上。

6. 告诉学生轮流掷骰子并根据骰子上面的形状，移动到游戏板上距离自己最近的相同形状处。

7. 如果学生移到了错误的位置，让他回到原地。

8. 增大困难：让学生先说出形状的名字，如果说对了，就让学生移动到游戏板上的相同形状处。

■ 11.47　把圆形、正方形、三角形、菱形与模型用纸板上的正确形状相匹配

活动主题： 形状配对

能力要求： 走动、视力、动手能力

兴趣水平： 学前、小学、中学生

材料： 纸板、剪刀、木头、钉子、锤子、纸、铅笔

1. 准备一个重的鞋盒。

2. 把盒盖取下来。

3. 在盒盖上随意剪出3个圆形和3个正方形。

4. 准备6个小贝壳。

5. 用金属丝把贝壳固定在盒子底部。

6. 把贝壳间隔开。这样一来，把盒盖被盖上后，就可以通过圆形和正方形的孔看到这些贝壳。

7. 把盒盖放在盒子顶部。

8. 准备3块积木，让它们可以通过方形孔；再准备3个球，让它们可以通过圆形孔。

9. 让学生坐在放有鞋盒的桌子旁。

10. 向学生展示鞋盒、积木和球。

11. 为学生示范：当球掉进圆孔时或者积木掉进方孔时，铃就会响。

12. 让学生把物品投进正确的开口处，从而试着让铃发出响声。

■ 11.48　把简单的拼图拼在一起

活动主题：拼图

能力要求： 视力、动手能力

兴趣水平： 学前、小学、中学生

材料： 杂志、剪刀、糨糊、标签纸

1. 收集旧杂志。

2. 让每个学生选择他们喜欢的图片。

3. 把图片剪下来并粘贴在标签纸上。

4. 把图片分别剪成两半并混在一起，让学生把它们拼在一起。

5. 当学生变得更熟练的时候，把图片剪成更多部分。

第十二章　精细运动——视觉动作 II

视觉—动作整合完成双手协调操作动作

无法完成双手协调操作的精细动作

不会使用剪刀

不会折纸

不会串珠

不会使用胶水

不会搭积木

不会使用针线

视觉辨别、方位辨别能力弱

手指不能完成视觉—动作精细运动

■12.01　在纸上随意涂抹胶水，把另一张纸放在上面使其粘住

活动主题：使用胶水

能力要求：视力、动手能力

兴趣水平：学前、小学

材料：纸、压舌板、水彩笔、胶水

1. 把一大张图画纸折叠起来。

2. 在左半边纸上画一个正方形，让右半边保持空白。

3. 发给每个学生一张折叠纸、胶水和压舌板。

4. 告诉学生用压舌板把胶水只涂抹在画着正方形的那半边纸上。

5. 让学生把右半边纸折叠在左半边纸上，完全粘好，然后放起来。

6. 教师还可以发给每个学生一张没有折叠的画着正方形的图画纸、一张无记号的图画纸、胶水和压舌板。

7. 用2张不同的图画纸重复练习。

8. 在没有正方形作参考的情况下重复用胶水涂抹和粘贴，直到学生能够掌握这项技能。

■12.02　用大刷子涂色

活动主题：涂色

能力要求：视力、动手能力

兴趣水平：学前、小学、中学生

材料：胶带、水彩笔、鸡毛帚、厚纸

1. 把一张长的白色厚纸放在地板上的长桌子上。

2. 用遮蔽胶带把厚纸固定住。

3. 用黑色水彩笔在纸上画出曲折图形。

4. 把浸在广告颜料中的鸡毛帚交给学生。

5. 告诉学生沿着纸上的图形涂色。

6. 重复练习，直到学生掌握。

7. 用大刷子来代替鸡毛帚。

8. 重复练习，直到学生掌握。

■12.03　把纸折叠起来且带有明显的折痕

活动主题：折纸

能力要求：视力、动手能力

兴趣水平：学前、小学

材料：纸、双面胶

1. 把双面胶放在图画纸或其他厚纸的4个角上。

2. 示范把纸折叠并弄出一条折缝。

3. 站在学生后面，监管他的整个折叠和折缝动作。

4. 让他注意带有胶条的角落。

5. 让他用左手的指尖拿住纸的左角。

6. 让他把手掌的边缘放在纸的底缘。

7. 让他用手从左到右竖直滑过纸面。

8. 在没有直接帮助的情况下重复练习。

■12.04　用剪刀剪纸

活动主题：剪纸

能力要求：视力、动手能力

兴趣水平：学前、小学

材料：图画纸、剪刀、铅笔、大头针

1. 在彩色图画纸上画一个20厘米的正方形。

2. 画一条从一个角落到另一个角落的斜线。

3. 为每个角落做两次标记，把字母1到8写在斜线的两侧。

4. 在斜线交会的中央画一个圆（如图所示）。

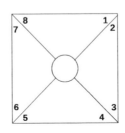

5. 发给学生剪刀和图画纸。

6. 告诉学生从每个角落上沿着斜线剪，剪到有圆形的地方就停下来。

7. 不要把纸剪成两半。

8. 让学生把标着1、3、5和7的几个角向着中央的圆形折过来。

9. 把大头针插进中央并固定在棍子上或顶端带有橡皮的铅笔上。

10. 让学生们玩一玩这个纸风车。

11. 减轻难度：在角落上画 "X" 以方便折叠。

■ 12.05　把黏土团成球状

活动主题：黏土游戏
能力要求： 视力、动手能力
兴趣水平： 学前、小学
材料： 黏土、干燥炉

1. 把彩色黏土放在学生前面的桌子上。

2. 告诉学生掐掉一小块儿黏土。

3. 让学生把黏土放在两个手掌间。

4. 教师把手放在学生的手上。

5. 帮助学生的两只手掌一起做圆周运动。

6. 告诉他继续自己做这个动作。

7. 用这块黏土作为雪人的底部。

8. 用同样的方式做雪人的头、眼睛、鼻子和纽扣。

9. 完成后把雪人晾干。

10. 在干燥炉上烧干它，并且让学生留着它。

■ 12.06　用线穿过宽的针孔

活动主题：使用针线
能力要求： 动手能力
兴趣水平： 学前、小学
材料： 标签纸、纸板、剪刀、粗纱线、大针

1. 在标签纸上画一个小丑的脸。

2. 剪下小丑的鼻子并放起来。

3. 把小丑贴在纸板上。

4. 在纸板上小丑鼻子的对应处剪一个孔，让这个孔的周长比标签纸上的孔小一厘米。

5. 用纱线穿过大的针孔。

6. 在纱线的末端打结。

7. 在放起来的小丑的鼻子上剪一个小孔。

8. 用纱线穿过小丑的鼻子。

9. 把小丑展示给学生。

10. 告诉学生小丑很难过，因为他没有鼻子。

11. 示范用带着线的针穿过小丑脸上的孔，并且让纱线完全穿过来，直到小丑的鼻子处在正确的位置上。

12. 把穿上小丑鼻子的针线交给学生。

13. 告诉学生让纱线穿过小丑脸上的孔、给小丑安上鼻子，让小丑高兴起来。

14. 当小丑得到鼻子时，让其他学生鼓掌。

■ 12.07 把小珠子串起来

活动主题：串珠

能力要求：视力、动手能力

兴趣水平：学前、小学

材料：谷物、盘子、鞋带

1. 准备中间带孔的谷类食品。

2. 发给每个学生一根细鞋带。

3. 在鞋带的一头打结。

4. 把少量谷类食品放在各个盘子上。

5. 告诉学生把谷类食品串起来。必要时为学生示范。

6. 为碎掉的谷类食品提供小容器。

7. 允许学生把串好的谷类食品当作项链或手镯戴起来。

8. 教师还可以使用串珠。

■ 12.08　把小木钉敲进板子上的孔里

活动主题：敲钉子

能力要求：视力、动手能力

兴趣水平：学前、小学

材料：泡沫聚苯乙烯、木槌、高尔夫球座、水彩笔

1. 收集10cm×20cm或更大的、结实的泡沫板和彩色高尔夫球座。

2. 在泡沫板上画出小圆圈来表明木钉的位置。

3. 把一个高尔夫球座放在圆圈里做示范。

4. 向学生展示如何用木槌来击打高尔夫球座，直到高尔夫球座和泡沫的表面相平。

5. 告诉学生把高尔夫球座放进泡沫上的圆圈中。

6. 如果学生把高尔夫球座正确地放进了圆圈中，让他敲打高尔夫球座。

7. 用水彩笔在泡沫上标出圆形图案，以此来增大难度。

8. 告诉学生把彩色高尔夫球座敲打进同样颜色的圆圈内。

■ 12.09　把一张纸的一面涂上胶水，然后把它翻过来粘在另一张纸上

活动主题：使用胶水

能力要求：视力、动手能力

兴趣水平：小学、中学生

材料：图画纸、剪刀、水彩笔、胶水

1. 用图画纸剪出一些食物的形状。

2. 在另一张纸上描摹这些食物形状的轮廓。

3. 准备胶水。

4. 让学生们坐在桌子旁。

5. 把胶水、纸状"食物"和带有食物轮廓的纸发给学生。

6. 让学生把纸状"食物"的一面涂上胶水。

7. 把带有胶水的一面粘在正确的轮廓图上。

8. 允许学生保留已经完成的作业。

■ 12.10　用 9 块积木或更多的积木造塔

活动主题：搭积木

能力要求：视力、动手能力

兴趣水平：学前、小学

材料：标签纸、剪刀、积木

1. 用标签纸剪出3堵墙，每堵墙都比9块积木的总高度高出1厘米（如图）。

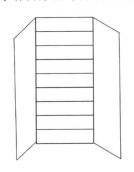

2. 把积木发给学生，让他用积木造塔。

3. 继续下去，直到所有这9块积木都正确堆叠起来。

4. 当学生把最高层的积木搭好后，撤掉一堵墙。

5. 让学生用2堵墙继续练习。

6. 当学生掌握了搭积木的方法后，再撤掉一堵墙。

7. 重复练习。

■ 12.11　用 5 块积木搭桥

活动主题：积木搭桥

能力要求：视力、动手能力

兴趣水平：学前、小学

材料：积木、秒表、大笼球

1. 准备1个秒表和1个大笼球。

2. 把全班分成2队。

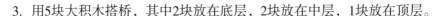

3. 用5块大积木搭桥，其中2块放在底层，2块放在中层，1块放在顶层。

4. 把一条胶带放在距离积木2.5到3米的地面上。

5. 让第一个小队在胶带后面排队并且把球交给第一个学生。

6. 告诉第一个小队：一听到"开始"的指令就滚动大笼球球去撞翻积木、跑过去、重新搭好积木、把球捡起来并带回来交给下一个队友。

7. 告诉下一个队友重复同样的动作。

8. 用秒表为第一个小队计时并记录时间。

9. 让第二个小队试着打破第一个小队的时间记录。

10. 教师还可以搭建2堆积木并且组织学生开展接力赛。

11. 随着学生用积木搭桥能力的增强，改用更小的积木。

■12.12　沿着大致的形状剪出图片

活动主题： 剪图片

能力要求： 视力、听力、动手能力

兴趣水平： 学前、小学

材料： 箱子、剪刀、作业纸

1. 为每个学生准备小箱子和剪刀。

2. 制作5张作业纸，每张作业纸上都画着一个大型工具。

3. 发给每个学生剪刀和一张作业纸。

4. 告诉学生把每个工具剪下来并放进他们的工具箱。

5. 示范怎样把工具剪下来。

6. 帮助有困难的学生。

7. 让学生把工具和箱子染上颜色。

8. 允许学生保留工具和工具箱。

■12.13　沿着直线或曲线把纸横向剪开

活动主题： 剪纸

能力要求： 视力、动手能力

兴趣水平： 学前、小学

材料： 剪刀、铅笔、纸、水彩笔

1. 在作业纸上用圆形或曲线画一些有趣的脸、蛇和其他形状。

2. 为每个学生制作一张画有上述形状的作业纸。

3. 在学生的纸上画一系列大小不同的圆。

4. 示范沿着圆的边线把它剪下来，并且让学生模仿。

5. 发给每个学生一张纸，纸上画着由圆形和曲线组成的图形。

6. 告诉学生沿着曲线仔细地把图形剪下来。

7. 向学生展示剪切完整、美观的图形。

■ 12.14 剪出小的正方形、三角形或圆形

活动主题：剪形状

能力要求： 视力、动手能力

兴趣水平： 学前、小学

材料： 剪刀、铅笔、纸、水彩笔

1. 和学生讨论各种形状。

2. 在彩色图画纸上画出大小不同的圆形、正方形和三角形。

3. 把图画纸和剪刀发给学生，告诉他们把这些形状剪下来。

4. 发给每个学生一根长纱线。

5. 让学生把纱线剪短，同时与学生讨论各种形状。

6. 让学生把这些形状粘在纱线上。

7. 把它们挂在通风孔或打开的窗户旁边，它们就会转动。

■ 12.15 沿着边缘剪切

活动主题：剪纸

能力要求： 视力、动手能力

兴趣水平： 学前、小学

材料： 纸、剪刀、铅笔

1. 在一张纸的边缘处画一些线段，以便让学生沿着这些线段剪纸条。

2. 把这张纸贴在学生的桌子上，让画有线段的边缘在桌边垂下大约5厘米。

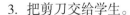

3. 把剪刀交给学生。

4. 告诉学生沿着这些线段剪下去，直到再也剪不动。

5. 剪刀下半部分的刀片将会碰到桌子边缘。

6. 告诉学生继续下去，直到所有的线段都被剪下来。

7. 用订书机把剪下来的纸条订起来，让学生把它们当作臂章。

■12.16　把线均匀地缠在线轴上

活动主题：缠绕线轴

能力要求：视力、动手能力

兴趣水平：学前、小学

材料：纱线、果汁罐、轴线、毛巾卷、粗线

1. 示范怎样把线缠在线轴上而不让线重叠。

2. 教师用写字的那只手的手指拿住粗线，用另一只手拿住线轴。

3. 把线轴拿到教师自己的前面，把粗线按照下、上、下、后的顺序缠在线轴上。

4. 一边示范，一边做口头说明。

5. 教师把身体转过90度，以便让学生看到线轴的末端。

6. 让学生练习。

7. 开始的时候使用大型纸巾卷的筒芯或者果汁罐，还有绳子或纱线。

8. 继续练习，直到学生掌握了第一步。然后用更小的线轴和粗线，直到学生进步到可以使用常规大小的线轴和线。

■12.17　削铅笔

活动主题：使用卷笔刀

能力要求：视力、动手能力

兴趣水平：学前、小学

材料：玩偶匣

1. 准备一个玩偶匣，玩偶匣的侧面有一个把手可以转动。

2. 示范怎样把一只手放在玩偶匣上稳住它，并且使用惯用手转动把手。

3. 提醒学生接下来会有意想不到的事发生，这样他就不会被吓到。

4. 让学生把住玩偶匣、转动把手。

5. 如果它是一个音乐盒，跟着节奏唱歌。

6. 根据需要提供帮助。

7. 当学生掌握了动作要领后，继续让学生练习使用卷笔器。

8. 当学生掌握了这项技能后，让他在一周内充当班级削铅笔的人。

■12.18　把一张纸对折，让两个边缘重叠

活动主题：折纸

能力要求：视力、动手能力

兴趣水平：学前、小学

材料：纸、水彩笔、标签纸

1. 在20cm×30cm的标签纸上画一张笑脸的上半部分。

2. 在12cm×18cm的纸上画一张眉头紧锁的脸的下半部分。

3. 在同一张纸的反面画一张笑脸的下半部分。

4. 把眉头紧锁的脸的下半部分连在标签纸上的上半张脸上，形成一张完整的皱着眉头的脸。

5. 让学生把纸折叠起来，让这张脸微笑。

6. 必要时提供帮助。

■12.19　用剪刀剪布

活动主题：剪布

能力要求：视力、动手能力

兴趣水平：小学、中学生、青少年

材料：空的厕所纸卷纸筒、纱线、彩色胶带、剪刀

1. 发给学生一个空的卷纸筒用来放剪刀。

2. 选择2到3种颜色的纱线。

3. 把长度是卷纸筒3倍的彩色胶带放在学生前边的桌子上。

4. 让学生用每一种颜色的纱线和胶带比对，剪出10根同等长度的纱线。

5. 把一根纱线穿过卷纸筒。

6. 在这根纱线上打双结。

7. 用其他颜色的纱线重复同样的动作。

8. 继续下去，直到卷纸筒的一端充满了各种纱线结。

9. 不要修剪这些纱线结。

10. 剪出2根30厘米长的纱线。

11. 把这两根纱线拴在卷纸筒的另一端的顶部。

12. 把剪刀放进固定器里。

13. 教师还可以把剪刀固定器用作假日装饰物。

■12.20　沿着轮廓剪出复杂的图片

活动主题：剪纸

能力要求：视力、动手能力

兴趣水平：学前、小学、中学生

材料：着色簿、蜡笔、剪刀

1. 把剪刀和着色簿发给学生。

2. 让学生在书里选择一个图片。

3. 把带有这个图片的那张纸撕下来。

4. 告诉学生沿着黑色粗线条把图片剪下来。

5. 告诉学生如果他们在剪图片的时候让剪刀一直紧贴粗线，他们就可以为图片着色。

■12.21　把钥匙插进锁眼、打开锁

活动主题：开锁

能力要求：视力、动手能力

兴趣水平：小学、中学生、青少年

材料：盒子、惊喜、锁

1. 收集带锁的箱子。

2. 让学生看着教师把奖品放进去并锁上箱子。

3. 把钥匙交给学生，让他打开箱子上的锁。

4. 让学生保留或者玩一玩箱子里的物品。

5. 用不同类型的锁增加或调整难度。

■ 12.22 把线穿在标准大小的针上

活动主题：穿针

能力要求：视力、动手能力

兴趣水平：小学、中学生、青少年

材料：彩色布方格、针、线、剪刀

1. 剪出边长为10到12厘米的彩色方形布。

2. 告诉学生他们将要为午餐桌准备桌布。

3. 示范怎样穿针引线。

4. 在线的末端打结。

5. 提示学生：如果他们把线穿在针上，他们就可以把正方形桌布的一边缝起来。

6. 让每个学生都有机会穿针引线。

7. 必要时帮助学生穿针引线。

8. 展示完成的桌布。

■ 12.23 指出上面、下面、里面、上边、外边、下边、正上方、顶部、底部、附近、旁边、前边、后边、斜上方、底下

活动主题：辨别方位

能力要求：走动、视力、动手能力

兴趣水平：学前、小学、中学生

1. 让学生们站着。

2. 让一些学生面向教室前面、一些学生面向教室后面。

3. 选一个学生。

4. 向他发出指令，如：站在小明的前面。

5. 如果他站在了正确的地方，向他发出另一个指令。

6. 如果他站错了地方，告诉他应该站在哪里，并重复指令，让他再试一次。

7. 继续下去，直到他能够百分之百地站对位置。

8. 用同样的步骤让他站在后边和旁边。

■12.24　把6种或6种以上的颜色相匹配

活动主题：颜色配对

能力要求：视力、动手能力

兴趣水平：学前、小学、中学生

材料：白色毡布、针、标签纸、容器、彩色毡布、线、剪刀

1. 在一张12cm×18cm的卡片上用红色和黑色的X做标记。

2. 把卡片摆放在地板上。

3. 播放音乐。

4. 交给学生一张带有红色X标记的卡片，告诉他只在同样带有红色X标记的卡片上行走。

5. 增加带有不同颜色的X标记的卡片。

6. 改变指令，让学生必须在不同颜色的X上行走。

7. 随着学生的进步，使用文字（根据学生能力选择文字）代替X，以增大难度。

■12.25　根据颜色的明暗度对物体进行匹配

活动主题：颜色配对

能力要求：走动、语言、动手能力

兴趣水平：小学、中学生、青少年

材料：标签纸、剪刀

1. 画出16个圆形，其中每两个圆形的颜色明暗度分别相同。

2. 让学生看着教师把其中8个颜色明暗度各不相同的圆形藏在房间里。

3. 举起另外的8个圆形中的某一种颜色的圆。

4. 选一个学生说出这种颜色的名字并找出相同颜色的另一个圆藏在哪里。

5. 让学生把这两个圆摆在一起，确定颜色的明暗度是否完全相同。

■12.26　按照从鲜艳到暗淡的颜色亮度对物体进行匹配

活动主题：颜色配对

能力要求：走动、视力、动手能力

兴趣水平：学前、小学、中学生

材料：音乐、胶带、剪刀、标签纸、纱线、8把椅子

1. 从各种颜色的标签纸上剪出8个大的圆形，这些颜色的亮度从鲜艳到暗淡不等。

2. 准备8把椅子，每把椅子上分别用一个圆形做标记。

3. 把椅子背对背随意摆放，然后搬走一把椅子。

4. 剪出8个更小的圆形，让它们的颜色和椅子上的圆形颜色一一对应，然后把它们分别用纱线穿起来。

5. 选择8个学生，发给他们每人一个用纱线穿起来的圆，让他们戴在脖子上。

6. 打开音乐。

7. 让学生在音乐中围着椅子走动。

8. 提示学生，当音乐停下来的时候，每个学生都要找到和自己佩戴的圆形有着相同颜色的圆形标记的那把椅子。

9. 告诉最后一个站着的学生：他出局了。

10. 再去掉一把椅子。

11. 重复刚才的活动，直到又剩下一个站着的学生，然后再去掉一把椅子。

12. 继续下去，直到只剩下一个学生和一把椅子。

■12.27 从一组差异很大的物体中找到目标物体

活动主题：视觉分辨

能力要求：视力、动手能力

兴趣水平：小学、中学生

材料：眼罩、物体

1. 选一个在教室里不常见到的、可触摸的物体。

2. 选一个和特定的月份或活动相关的物体。

3. 让学生坐在地板上或椅子上。

4. 向学生展示需要寻找的物体。

5. 给第一个学生戴上眼罩。

6. 让另一个学生把这个物体藏在一个明显的地方。

7. 摘掉第一个学生的眼罩，让他找到这个物体并把它拿给教师。

8. 选择另外的学生重复刚才的活动。

9. 随着学生能力的增强，使用更小的物体或者把它放在不那么明显的位置上。

■ 12.28　从一组类似的物体图片中找到目标物体

活动主题：视觉分辨

能力要求： 视力、动手能力

兴趣水平： 小学、中学生

材料： 卡片

1. 准备几张图片卡，每张图片卡上至少有3个物体。如：2只小狗和1只大狗；
   2棵松树和1棵枫树。

2. 让学生们围坐成一圈。

3. 向学生们展示图片卡。

4. 讨论图片卡上的每个物体。

5. 告诉学生们寻找目标物体。

6. 让一个学生指出卡片上的目标物体。

7. 让每个学生都有机会指出一个不同的目标物体。

8. 进行拓展练习：让学生们从周围环境中的一组类似的物体中用眼睛识别目
   标物体。

■ 12.29　指出左边或右边的某个特定物体

活动主题：辨别方位

能力要求： 视力、听力、动手能力

兴趣水平： 小学、中学生、青少年

材料： 塑料瓶、笑脸贴纸、硬币

1. 在塑料瓶的上方剪一个足够长的狭缝，以便把硬币放进去。

2. 在桶的左右两边各放5枚硬币。

3. 在右边的硬币旁边放一个笑脸贴纸。

4. 告诉学生：和笑脸贴纸在同一边的硬币都是在右边。

5. 告诉学生仔细听教师的指令，如：拾起右边的一枚硬币。

6. 如果学生做对了，他就可以把这枚硬币投进存钱罐。

7. 继续下去，直到所有硬币都投进了存钱罐。

8. 随着学生能力的增强，取消笑脸贴纸。

9. 如果学生选对了硬币，教师还可以让他使用带有电池的易于操作的存钱罐。

■ 12.30　在图片中找到两个物体，用一条线把它们连接起来

活动主题：连线

能力要求：视力、动手能力

兴趣水平：小学、中学生

材料：粉笔、黑板

1. 在黑板的左边用一系列圆点画出3个形状的轮廓。

2. 在这三个轮廓的右边用任意的顺序画出相同的3个形状。（如图所示）

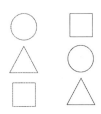

3. 让学生猜测左边的每个轮廓是什么形状。

4. 让学生在点与点之间连线，看一看猜得对不对。

5. 让学生把左边和右边的相同形状连线。

■ 12.31　区分大小，区别度为 1 厘米

活动主题：区分大小

能力要求：视力、动手能力

兴趣水平：小学、中学生、青少年

材料：标签纸、杂志、笔、剪刀

1. 剪出边长为12厘米的正方形卡片。

2. 从杂志或旧的数数书上剪下多个大小不同的同一物体的图片，或者画出同一物体的3到8个大小不同的图片。

3. 用相同的颜色画出所有成套卡片的轮廓，或者在这些卡片的背面贴上匹配的贴纸，这样一来，每套卡片都有了色码。

4. 拿出2到3张成套的卡片，让学生把它们按照从大到小的顺序排列。

5. 当学生掌握了这项技能后，增加卡片数量和加大区别的难度。

■ 12.32　区分大小，区别度为 0.5 厘米

活动主题：区分大小

能力要求：视力、动手能力

兴趣水平：小学、中学生、青少年、成年人

材料：索引卡、水彩笔

1. 把平整的白色索引卡剪成2个正方形卡片。

2. 在每张卡片上分别写一个数字。

3. 把每个数字分别写3遍，大小各异。

4. 让学生把大小相同的所有数字放在一起。

5. 让学生用尺子量一量这些数字。

6. 使用差异较大的数字，以便让学生可以毫不费力地区分这些数字。

7. 加大难度：增加相似的、更加难以区分的数字。

■ 12.33　区分大小，区别度为 0.25 厘米

活动主题：区分大小

能力要求：视力、动手能力

兴趣水平：小学、中学生、青少年

材料：螺母、鞋盒、螺栓

1. 收集1厘米、0.5厘米和0.25厘米的螺母和螺栓。

2. 把螺母从螺栓上拧下来，放进鞋盒。

3. 告诉学生把螺母分类并拧在适当的螺栓上。

4. 告诉学生怎样在游戏中自我纠正。

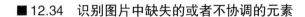

■12.34　识别图片中缺失的或者不协调的元素

活动主题：视觉辨别

能力要求：视力、动手能力

兴趣水平：小学、中学生、青少年

材料：索引卡、水彩笔

1. 在几张15cm×15cm的纸上各自画出鼻子、眼睛、耳朵、嘴巴和眉毛。

2. 在15cm×15cm的纸上画出15张脸，其中三张脸上缺少鼻子、眼睛、耳朵、嘴巴或眉毛。

3. 把鼻子、眼睛、耳朵、嘴巴和眉毛的图片展开，让它们完全在学生的视野之内。

4. 把脸部图片正面朝下放成一堆。

5. 让学生从这一堆脸部图片的最上面拿起一张图片，并且把这张图片放在缺失的脸部器官图片下面。

6. 如果学生出了错，示范正确的做法，把这张脸部图片放到其他脸部图片的最下面，并且告诉他稍后再试一次。

■12.35　正确识别看起来相似的字词

活动主题：视觉辨别

能力要求：视力、语言、动手能力

兴趣水平：小学、中学生、青少年

材料：标签纸、胶带、索引卡

1. 制作一个分为3行的游戏板，每行有2个口袋，用来装10cm×15cm或5cm×10cm的卡片。

2. 在口袋里随意放入9对看起来相似的字词。

3. 把这18个字词写在卡片上。

4. 把这些卡片打乱顺序放在桌子上。

5. 告诉学生从桌子上拿起1张卡片，在游戏板上找到和卡片上一样的字词，并把卡片放入相应的口袋里。

6. 如果学生能力允许的话，让学生读一读这个字词。

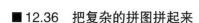

■ 12.36 **把复杂的拼图拼起来**

活动主题：拼图

能力要求：视力、动手能力

兴趣水平：小学、中学生、青少年、成年人

材料：索引卡、贴纸、水彩笔

1. 准备10cm×10cm的广告张贴板或格子间积木。

2. 把广告张贴板分成16个相等的正方形。

3. 在每个正方形内画出或放入4种不同的形状或颜色。

4. 在每个正方形上点上1到4个圆点，这样就没有2个形状、颜色或数字是相邻的。

5. 从每个形状上画4条虚线，让虚线接触到相邻的正方形。

6. 把广告张贴板剪成16个正方形。

7. 把这些正方形交给学生。

8. 让学生摆放这些正方形，使每个相邻的正方形上的虚线都可以匹配，且不留下"死胡同"；任何一行、一列或斜线上都没有不同的颜色、形状或数字；每行有10个圆点。

9. 开始的时候只让学生用一部分正方形做练习，直到他理解了这个操作过程。

■ 12.37 **按照原来的颜色和形状顺序把小珠子串起来**

活动主题：串珠

能力要求：视力、动手能力

兴趣水平：小学、中学生

材料：木珠、索引卡、细绳

1. 在10cm×15cm的卡片上画出不同的珠子图案。

2. 发给学生珠子图案、细绳和这个图案所需的珠子。

3. 教师示范想让学生完成的动作，帮他把珠子串起来。

4. 把珠子从细绳上取下来。

5. 告诉学生轮到他了。

6. 让学生把一个珠子用线穿上，然后和图案比对一下，看是否正确。

7. 询问学生，它们是否相配、是否有误，帮助他想出接下来应该穿哪一个珠子。

8. 加大难度：在图案上增加不同的颜色和更多的珠子；给学生多余所需数量的珠子。

■ 12.38　按照从左到右的顺序浏览物体的水平线

活动主题：视觉辨别

能力要求：走动、视力

兴趣水平：学前、小学、中学生、青少年、成年人

材料：剪刀、茶壶、洋娃娃、铃、衣架、球

1. 让学生们围成一圈，把5到7个物品在圈内摆放成一条线。

2. 指导学生从左到右研究这条线上的物品。

3. 选择一个学生离开房间。

4. 让另一个学生藏起一件物品。

5. 让外面的学生回来、研究这条线、猜测缺失的物品是什么。

6. 让猜对的学生成为下一个藏东西的人。

7. 如果学生猜错了，让他回到原位，把机会给另一个学生。

8. 教师还可以用一个大围巾罩住这些物品，说一些咒语，同时移走一件物品，然后让所有的学生猜一猜缺少了什么。

■ 12.39　再现小钉板图案上的数字、方向和颜色

活动主题：视觉辨别

能力要求：走动、视力、动手能力

兴趣水平：小学、中学生、青少年

材料：纸、小钉板、胶带、铅笔、剪刀

1. 在白纸上画出16个圆点，横向和纵向各有4个圆点。

2. 在点和点之间任意连线，并标出起点和终点。

3. 在彩色标签纸上剪出16个直径为40厘米的圆。

4. 在地板上做出和白纸上同样的图案。

5. 让学生按照白纸上的路线走动。

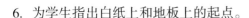

6. 为学生指出白纸上和地板上的起点。

7. 告诉学生在地板上所走的路线应该和白纸上的点和点之间的连线相一致。

■12.40　正确进行视觉分辨，把看起来很相似的字词相匹配

活动主题：视觉辨别

能力要求： 视力、动手能力

兴趣水平： 小学、中学生

材料： 图画纸、剪刀、水彩笔

1. 用图画纸为每个学生做一只青蛙。

2. 在每只青蛙上写一个字。

3. 为每只青蛙做一片睡莲叶子。

4. 在每一片睡莲叶子上写一个字，这些字分别和每只青蛙上的字相对应。

5. 让学生围坐成一圈，把睡莲叶子放在他们前面。

6. 把青蛙正面朝上摆放在学生中央的地板上。

7. 让学生看一看青蛙上所写的词并选择写有同样字的睡莲叶子。

8. 如果学生选对了，让他留着这只青蛙。

9. 如果学生选错了，让他把这只青蛙放回原处。

10.继续下去，直到每个学生都正确选出和自己手中的青蛙相对应的睡莲叶子。

11.让学生们交换睡莲叶子，然后选出和各自的睡莲叶子相对应的青蛙。

■12.41　用正确的顺序抄写字词和数字

活动主题：视觉辨别

能力要求： 视力、动手能力

兴趣水平： 学前、小学

材料： 纸、铅笔、黑板、粉笔

1. 发给每个学生纸和笔。

2. 走向黑板。

3. 解释说教师将要在黑板上写3个数字。

4. 告诉学生：第一个正确抄写完所有数字并举手的学生就是获胜者。

5. 允许获胜者在黑板上写出另外的3个数字。

6. 继续下去，尽可能让更多的学生都有机会。

7. 用字词来代替数字。

■ 12.42　用正确的顺序再现之前见过的字词和数字

活动主题：视觉辨别

能力要求：视力、听力、动手能力

兴趣水平：小学、中学生

材料：标签纸、纸、水彩笔、铅笔

1. 用标签纸制作牌照。

2. 提示学生们，他们将扮演抓人的警察。

3. 告诉学生们：警察抓人的方式可以是把某个人的牌照记下来。

4. 第一个抓到人的"警察"会获得奖励。

5. 把纸和笔发给"警察"。

6. 把牌照给学生看一看，然后把它藏在教师的背后。

7. 告诉"警察"根据记忆把号码写下来，然后马上把号码举起来。

8. 奖励写出正确号码的"警察"，让他成为下一个举牌照的人。

■ 12.43　正确再现之前见过的复杂的图案

活动主题：视觉辨别

能力要求：视力、动手能力

兴趣水平：小学、中学生、青少年、成年人

材料：牙签、胶水、索引卡

1. 用牙签在15cm×20cm的黑色卡片上制作正方形、三角形、N形、W形、L形、船形和火箭形（如图所示）。

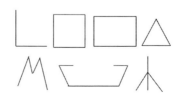

2. 每个图案用2到5根牙签。

3. 发给每个学生卡片、牙签和胶水。

4. 向学生展示做好的图案。

5. 让学生用牙签制作相同的图案。

6. 纠正不正确的图案并且让学生重做。

7. 加大难度：给学生看图案、把图案藏起来，然后让学生凭记忆再现这个图案。

■12.44 汇报视野内的主要物体

活动主题：视觉辨别

能力要求：视力、动手能力

兴趣水平：小学、中学生、青少年、成年人

材料：标签纸、薯片、蜡笔、索引卡、纽扣

1. 制作一个游戏板。

2. 制作10cm×15cm的教学识记卡，上面写有面包、甜瓜、咸肉、鱼、烤肉、苹果、牛奶、卷饼、燕麦粥、鸡蛋、可可豆、香蕉、薄煎饼、华夫饼干、果汁、小圆面包、梨、香肠、葡萄干、粗磨粉、奶酪、谷物和橘子。（如图所示）

3. 把识记卡片正面朝下放置。

4. 告诉学生从一堆识记卡片中拿出一张。

5. 让学生看着游戏板上的词语并在卡片上找到这个词语。

6. 和2个或2个以上的学生一起玩这个游戏，让他们轮流找词语。

■ 12.45　根据所见到的物体或图案的一部分来识别整个的物体或图案

活动主题：视觉辨别

能力要求：视力、动手能力

兴趣水平：小学、中学生、青少年

材料：水彩笔、剪刀、索引卡

1. 在10cm×15cm的索引卡上画一个图片。

2. 把这张索引卡剪成几个条状或方格状。

3. 把图片拼起来放在学生前面的桌子上，让图片的一部分正面朝下。

4. 让学生辨认这张图片。

5. 告诉学生把空白的那一部分翻过来进行"自我修正"。

6. 增加缺失元素的数量，从而让图片更加难以辨认。

7. 使用简单的拼图。

■ 12.46　汇报整个图片和细节

活动主题：视觉辨别和再现

能力要求：视力、动手能力

兴趣水平：小学、中学生、青少年

材料：拼图

1. 告诉学生把100片拼图拼起来。

2. 去掉一片拼图，让学生说出图片中缺失了什么。

3. 再去掉一片拼图，从而加大难度。

4. 如果学生正确识别出了缺失的部分拼图，允许他从去掉的拼图中进行选择并拼回原处。

5. 把拼图覆盖住，让学生回忆尽可能多的细节。

■ 12.47　10秒钟后回忆所见的3件物品

活动主题：视觉辨别和再现

能力要求：视力、语言、动手能力

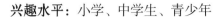

兴趣水平：小学、中学生、青少年

材料：物体、托盘、布

1. 用3件物体开始练习。

2. 把这3件物体放在托盘上。

3. 告诉学生看一看所有的物体，还可以摸一摸它们。

4. 盖住物体的名字。

5. 用一块布遮住托盘。

6. 让学生说出布的下面有什么。

7. 去掉遮盖物。

8. 询问学生"你刚才说得对吗？"

9. 增加困难：拿走物体并询问学生"缺少了什么？"

10. 帮助学生回忆：提示他这个物体的名称中的一个字。

11. 逐渐把物体的数量增加到10个，从而增大难度。

■12.48　经过1分多钟后再回忆用10秒钟的时间所见的3件物品

活动主题：视觉辨别和再现

能力要求：视力、动手能力

兴趣水平：小学、中学生、青少年、成年人

材料：索引卡、图片

1. 准备或收集成套的卡片。

2. 让学生练习"集中精力"。

3. 把卡片打乱顺序。

4. 把卡片正面朝下均匀地摆放。

5. 告诉学生把两张卡片翻过来，让其正面朝上。

6. 如果这两张卡片相互匹配，让学生留着它们。继续下去，直到他选择了两张不匹配的卡片。

7. 如果这两张卡片不匹配，让学生把它们正面朝下放回原处，并且让下一个学生接替他。

8. 继续下去，直到所有的卡片都被匹配起来。

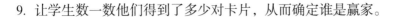

9. 让学生数一数他们得到了多少对卡片，从而确定谁是赢家。

■ 12.49 10 秒钟后回忆 5 件物品

活动主题：视觉辨别和再现

能力要求：视力、语言、动手能力

兴趣水平：小学、中学生、青少年、成年人

材料：物体、盒子

1. 收集5个小物品。

2. 把所有这5个物品展示给学生。

3. 让学生说出每个物品的名字并摸一摸它们。

4. 把物品放进盒子。

5. 让学生说出这些物品的名字。

6. 如果学生有困难，让他把手伸进盒子里摸一摸并说出每个物品的名字。

7. 继续练习，直到学生无须触摸这些物品。

■ 12.50 10 秒钟后回忆 10 件物品

活动主题：视觉辨别和再现

能力要求：视力、动手能力

兴趣水平：小学、中学生、青少年、成年人

材料：标签纸、剪刀、水彩笔

1. 画出2幅图像的大的轮廓，如房子或脸。

2. 绘制这幅图像的组成部分，如：窗户或眼睛。

3. 把这些组成部分加在轮廓上。

4. 让学生仔细观察完整的图像。

5. 去掉一些组成部分，然后让学生准确无误地把它们放回原处。

6. 如果学生出了错，示范这些部件应该放在哪里，并且让他再试一次。

7. 向学生展示上述轮廓和组成部分，然后把它们拿到学生的视线之外，让学生在纸上把它们画下来。

后　记

在书稿即将付梓出版之际，作为编撰者，我们感到了一点由衷的欣慰之意。

本书的完成首先得益于伙伴之间的精诚合作。一个是在一线实践有着极其丰富的教育教学及其管理经验的校长；一个是在教学一线乐于思考把理论与实践相对接的研究型教师。

基于对教育教学有效性追求的共识，基于为家长和教师提供有科学理论依据而又可操作的经验指南，同时也基于改变传统的以单向说教为主的学习方式，共同的感受与思考，促成了本书的编撰。

儿童的发展是家长、教师共同的责任。然而，盘桓在老师、家长心头最大的问题似乎是教什么？怎么教？

很多家长希望能有一本类似育儿宝典的工具书帮助他们更好地进行家庭教育。譬如，一些家长用蒙学读物"三百千"让孩子诵读，时间长了，发现孩子牙牙学语背诵的诗句，长大后都不记得了，这些死记硬背的成人语言，并没有内化成孩子的语言，没有融进孩子的血脉中。

很多老师也希望能有一本好一些的教材或教辅，让他们更轻松一点，也希望工具书能帮助他们更好提升教学能力。然而，许多老师只是机械地基于教材或教辅的教学，而非基于儿童需要的教学。重教轻学、重讲授灌输轻互动体验仍然普遍存在。

随着融合教育的推进，障碍学生类型的增多及程度的加重，面对有特殊教育需要的学生，无论是普通学校随班就读，还是特殊教育学校，针对学生技能的教学，必须在评估的基础上找到发展的起点，实施满足其独特的发展需要的教学。如果沿袭单调、枯燥、乏味、重复的训练方式，更忽视了特殊儿童的身心特点，制约了教育教学的有效性。

作为一本实用的工具指南用书，《儿童运动发展：评估与教学》的设计编撰有着坚实的理论支撑。首先，遵循运动发展规律，通过观察评估457个行为特征，描述、记录儿童运动能力由简单到复杂的顺序发展。行为特征活动的设计既可以作为技能评估的手段，又可以作为教学训练的指南，这种非正式的活动评估，便于家长与教师的实际操作。这样，在评估的基础上进行有效的训练，教学起点清楚，教学过程有监控，教学质量就会有保障。这是本书有别于其他儿童学习用书的一大特色。

其次，采取游戏化的活动设计，以活动为平台、以游戏为载体激发儿童的学习兴趣、提高学习的专注度，将知识、技能的学习融于轻松、愉快、积极、互动而又有意义的参与情境与过程，进而提高教学的效率。本书编写中，我们安排包含了角色游戏、结构游戏、表演游戏等创造性游戏设计，也安排了包含体育游戏、智力游戏、音乐游戏等规则性游戏的设计，通过游戏活动，培养学生好奇心、想象力，引发主动性的学习品质。我们相信如维果茨基所说："在游戏中，一个孩子的行为总是超越于他的实际年龄、他的日常行为；在游戏中，他比他本身的实际水平要高出一点。"在运动和认知能力发展中，应强调人的躯体、感情、意志和精神的参与，通过游戏活动让身心灵结合。

因此，这是一本好玩的书。它提倡的是任务单式的活动学习、游戏化的学习！这里充满了游戏、戏剧、阅读、写信、作画、猜谜、下棋……各种情境活动。每一次活动，都会要求准备丰富的活动材料：串珠、盒子、鞋带、剪刀、细绳、计时器、胶带、发声玩具、照相机、镜子、热的实物、冷的实物、水彩笔、标签纸、地毯、窗户、豆子、音乐、图书、黑板、粉笔……

要玩好这本书，需要家长、教师创造性的把很多生活中的材料拿来做教具、学具、玩具，这种学习活动是动态开放的，让儿童的认知、身体、环境相互联结，"通过操作玩具，孩子在游戏中会比在运用语言的环境下表现出更好的适应性，他可以用玩具表达出他对自己以及生活中重要的人和事的感受。"所以，当读者翻开书时会发现，这不仅仅是在教学，而是带着儿童在体验生活，探索世界。

呵护儿童的天性，开发儿童的潜能！书中的活动是一个个案例，可以根据自

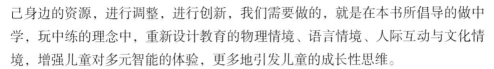

己身边的资源，进行调整，进行创新，我们需要做的，就是在本书所倡导的做中学，玩中练的理念中，重新设计教育的物理情境、语言情境、人际互动与文化情境，增强儿童对多元智能的体验，更多地引发儿童的成长性思维。

为了帮助读者更好地理解学习和利用这本书，我们将有选择地把一些经典的活动案例拍摄为视频材料供读者参考，同时也将提供其他的相应电子资源（包括在线咨询、解答等），读者可根据下方的二维码，有针对性地扫描接入，同时，也可进入"新特教线上教育（http：//xuetang.ra.sipedu.org）"获得更多的资源。

最后，感谢中国国际广播出版社的编辑、校对老师对本书的校阅，感谢参与修订、插图绘制与活动案例拍摄的仁爱学校的老师们。此外，编撰过程中参考了众多的国内外作者的文献资料，作为活动案例的编写，很难一一列出，在此，谨表以诚挚的谢意！

薛峤

2021年7月